Otto Gunter

Canalização Angelical
A Arte de Receber Orientações Celestiais

Título Original: Angelic Channeling – The Art of Receiving Celestial Guidance
Copyright © 2025, publicado por Luiz Antonio dos Santos ME.
Este livro é uma obra de não-ficção que explora práticas e conceitos no campo da espiritualidade e da conexão com seres angelicais. Através de uma abordagem reflexiva e prática, o autor oferece ferramentas e conhecimentos para acessar mensagens e orientações do plano celestial, promovendo desenvolvimento pessoal e crescimento espiritual.
1ª Edição
Equipe de Produção
Autor: Otto Gunter
Editor: Luiz Santos
Capa: Studios Booklas / Clara Mendonza
Consultor: Felipe Arruda
Pesquisadores: Marina Beltrão, João Carlos Ribeiro e Letícia Mota
Diagramação: Roberto Klein
Tradução: Emily Parsons
Publicação e Identificação
Canalização Angelical - A Arte de Receber Orientações Celestiais
Booklas, 2025
Categorias: Espiritualidade / Desenvolvimento Pessoal
DDC: 133.9 - CDU: 133.7
Todos os direitos reservados a:
Luiz Antonio dos Santos ME / Booklas
Nenhuma parte deste livro pode ser reproduzida, armazenada num sistema de recuperação ou transmitida por qualquer meio — eletrônico, mecânico, fotocópia, gravação ou outro — sem a autorização prévia e expressa do detentor dos direitos autorais.

Sumário

Índice Sistemático 5
Prólogo 9
Capítulo 1 O Chamado da Luz 12
Capítulo 2 Anjos e os Coros Celestiais 17
Capítulo 3 Como os Anjos Falam? 24
Capítulo 4 Corpo, Mente e Alma 32
Capítulo 5 Criando seu Santuário Angelical 40
Capítulo 6 Chakras na Canalização 47
Capítulo 7 Ferramentas de Conexão 54
Capítulo 8 A Vibração Pessoal 61
Capítulo 9 Preces e Invocações 69
Capítulo 10 Sentindo a Presença Angelical 77
Capítulo 11 Limpeza de Bloqueios Energéticos 85
Capítulo 12 A Sensibilidade Expandida 93
Capítulo 13 Anjos Pessoais e Anjos Universais 100
Capítulo 14 O Elo Dourado 108
Capítulo 15 Estados Alterados e Transe Sutil 116
Capítulo 16 Registrando Contatos 124
Capítulo 17 Símbolos e Assinaturas Angélicas 132
Capítulo 18 Nome Angelical Pessoal 140
Capítulo 19 Escrita Canalizada 147
Capítulo 20 Voz Interior e Voz Angelical 155
Capítulo 21 Provações e Testes do Canal 163
Capítulo 22 Trabalhando com o Círculo de Anjos 170

Capítulo 23 Sintonização com Arcanjos Específicos 177
Capítulo 24 Canalização de Nomes e Selos Angélicos............ 185
Capítulo 25 Sons e Códigos Frequenciais................................ 192
Capítulo 26 A Missão do Canal 199
Capítulo 27 Primeira Canalização Completa 205
Capítulo 28 De Canal a Instrumento 213
Capítulo 29 Manifestando a Aliança Angelical 220
EPÍLOGO.. 227

Índice Sistemático

Capítulo 1: O Chamado da Luz - Descreve o chamado da luz como o primeiro sussurro da canalização angelical, uma suave inquietude que nos chama por dentro.

Capítulo 2: Anjos e os Coros Celestiais - Explora a natureza e a hierarquia dos anjos, descrevendo os diferentes coros angelicais e suas funções.

Capítulo 3: Como os Anjos Falam? - Aborda a linguagem angelical, que transcende palavras e se manifesta por meio de impressões, imagens, sentimentos e sincronicidades.

Capítulo 4: Corpo, Mente e Alma - Discute a importância da harmonia entre corpo, mente e alma para a canalização, e como cada um influencia o processo.

Capítulo 5: Criando seu Santuário Angelical - Guia o leitor na criação de um santuário físico e energético para a canalização, um espaço que acolhe a presença angelical.

Capítulo 6: Chakras na Canalização - Explora o papel dos chakras como portais energéticos na canalização, e como o alinhamento dos chakras facilita a comunicação com os anjos.

Capítulo 7: Ferramentas de Conexão - Apresenta ferramentas como cristais, velas e símbolos como extensões físicas do diálogo interno, que auxiliam na sintonização com a frequência angelical.

Capítulo 8: A Vibração Pessoal - Discute a importância da vibração pessoal na canalização, e como o amor e a aceitação de si mesmo facilitam a conexão com os anjos.

Capítulo 9: Preces e Invocações - Aborda o poder das preces e invocações como atos criadores que ajustam a frequência do ser ao campo de luz dos anjos.

Capítulo 10: Sentindo a Presença Angelical - Descreve a experiência sutil do primeiro contato com a presença angelical, que se manifesta através do corpo, do coração e da alma.

Capítulo 11: Limpeza de Bloqueios Energéticos - Discute a importância da limpeza de bloqueios energéticos para a canalização, removendo camadas de proteção que impedem o fluxo da luz.

Capítulo 12: A Sensibilidade Expandida - Explora a expansão da sensibilidade como um retorno à percepção sutil, permitindo a comunicação com os anjos através de diferentes canais.

Capítulo 13: Anjos Pessoais e Anjos Universais - Diferencia os anjos pessoais, que acompanham a alma ao longo de suas existências, dos anjos universais, que servem à humanidade como um todo.

Capítulo 14: O Elo Dourado - Aborda a conexão viva entre a alma e o plano angelical, um elo dourado que se fortalece com a lembrança consciente e a prática da canalização.

Capítulo 15: Estados Alterados e Transe Sutil - Discute a importância do estado alterado de consciência para a canalização, um estado de presença expandida que permite a percepção do sutil.

Capítulo 16: Registrando Contatos - Enfatiza a importância de registrar os contatos com os anjos como forma de fortalecer a conexão, documentar a jornada e integrar a experiência.

Capítulo 17: Símbolos e Assinaturas Angélicas - Explora a linguagem simbólica dos anjos, que se manifesta através de símbolos e assinaturas energéticas que contornam a mente racional.

Capítulo 18: Nome Angelical Pessoal - Aborda o nome angelical pessoal como uma chave vibracional que traduz a essência da ligação entre a alma e seu anjo guardião.

Capítulo 19: Escrita Canalizada - Discute a escrita canalizada como um ato de entrega em que a mente se torna um receptáculo para a transmissão da consciência angélica.

Capítulo 20: Voz Interior e Voz Angelical - Ensina a diferenciar a voz da mente da voz angelical, reconhecendo a textura, a frequência e o efeito de cada uma.

Capítulo 21: Provações e Testes do Canal - Aborda os desafios e provações que o canal enfrenta em sua jornada, que servem para fortalecer sua conexão e aprofundar sua confiança.

Capítulo 22: Trabalhando com o Círculo de Anjos - Discute a experiência de se conectar com um círculo de anjos, que atuam em conjunto para amparar e guiar o canal em sua jornada.

Capítulo 23: Sintonização com Arcanjos Específicos - Explora a sintonia com arcanjos específicos, que representam qualidades divinas e atuam como ativadores de potenciais internos.

Capítulo 24: Canalização de Nomes e Selos Angélicos - Discute a canalização de nomes e selos como um aprofundamento da conexão, que permite o acesso direto à frequência e à essência de cada anjo.

Capítulo 25: Sons e Códigos Frequenciais - Aborda a linguagem vibracional dos anjos, que se manifesta através de sons e códigos frequenciais que atuam nos corpos sutis e no campo energético.

Capítulo 26: A Missão do Canal - Discute a missão do canal como um chamado ao serviço e à expressão da luz no mundo, integrando a espiritualidade ao cotidiano.

Capítulo 27: Primeira Canalização Completa - Guia o leitor através da experiência da primeira canalização completa, um momento de fusão entre o humano e o sagrado.

Capítulo 28: De Canal a Instrumento - Descreve a transformação do canal em instrumento da luz, que integra a presença angelical em sua vida e a manifesta em suas ações e criações.

Capítulo 29: Manifestando a Aliança Angelical - Aborda a manifestação da aliança angelical na Terra, integrando a conexão com os anjos em cada aspecto da vida e expressando-a através da missão de alma.

Prólogo

Não subestime a sincronicidade que trouxe você até aqui. Cada encontro com um livro como este é um sussurro de uma inteligência maior, uma voz silenciosa que ecoa nos bastidores da sua existência. Este não é um convite para a crença cega, mas para a experiência viva. Mais do que compreender, você será chamado a sentir, a atravessar o véu que separa o visível do invisível e a reconhecer que, desde o início, há presenças ao redor — e dentro de você — aguardando apenas que você se lembre de como ouvi-las.

Ao ler estas páginas, você não estará apenas absorvendo ideias ou técnicas; você estará tocando uma frequência específica. É como sintonizar uma estação esquecida, cujas melodias ancestrais ecoam há milênios no fundo do seu ser. Este livro não ensina algo novo — ele desperta o que sempre esteve adormecido. A arte de canalizar seres angelicais não é privilégio de médiuns extraordinários ou iniciados ocultos. É a arte de reconhecer que você já é uma ponte viva entre o céu e a terra. E as palavras aqui contidas são como sopros de vento empurrando suavemente a porta que separa você do que sempre foi seu.

Permita-se desconfiar, se quiser. A dúvida não é um inimigo — é uma guardiã que protege o que há de mais sagrado em você. Mas não permita que essa mesma dúvida o paralise. Cada vez que sua mente questionar, seu coração sentirá. Cada vez que a lógica resistir, uma memória suave — daquelas que não têm origem clara, mas trazem um conforto inexplicável — tocará sua pele, como uma brisa morna em uma manhã de outono. O que você está prestes a vivenciar não é uma leitura, é uma travessia. Um mergulho sutil na trama invisível que entrelaça sua alma à voz suave e constante daqueles que o acompanham desde antes da sua primeira respiração.

O texto que habita estas páginas não é um manual técnico ou uma doutrina rígida. Ele é um eco. Um reflexo textual de um diálogo muito mais antigo, travado entre seu espírito e consciências luminosas que sustentam seu caminhar silenciosamente. Cada palavra é uma gota de luz condensada, uma nota dessa canção que embala sua essência desde tempos imemoriais. Cada exercício, cada reflexão proposta, é uma fresta aberta para que a presença angelical, sempre próxima, se torne tão palpável quanto seu próprio respirar.

Se você sente, mesmo que de forma tênue, que há algo além da rotina, algo que espreita por entre os véus da realidade cotidiana, então este livro é um convite direto a você. Ele não veio para convencê-lo de nada, porque no fundo você já sabe. Ele veio para lembrar. Para ecoar no espaço entre seus pensamentos e suas emoções aquele chamado suave que há tanto tempo você finge não ouvir.

Este livro é uma jornada de retorno, e os anjos, que nele se revelam, não são personagens distantes. Eles são companheiros íntimos de alma. São partes do mesmo sopro criador que te anima e que pulsa em cada célula sua. O que você encontrará aqui não são apenas histórias ou teorias — são espelhos. Espelhos vibracionais que devolvem a você sua própria imagem espiritual, livre de dogmas, livre de culpas e livre do véu que cobre sua visão interna há tanto tempo.

A cada capítulo, você será guiado para além das palavras. Sentirá. E ao sentir, reconhecerá que a conexão não é externa. Ela é íntima, orgânica, inseparável da sua essência. Os anjos não virão de fora, como visitantes divinos. Eles emergirão de dentro, como memórias despertas, como aspectos esquecidos da sua própria luz.

Este é um livro para ser vivido, não apenas lido. Cada página é uma porta. Cada reflexão, uma chave. E cada momento de silêncio entre um parágrafo e outro, uma oportunidade para que a presença angelical te envolva, te recorde, te realinhe com a verdade simples e poderosa: você nunca esteve só.

Se você chegou até aqui, algo em você já respondeu ao chamado. Permita-se. Desperte. Atravesse.

O invisível espera, paciente, pelo seu primeiro passo consciente. Esta leitura é esse passo.

E os anjos — aqueles que já conhecem cada batida do seu coração — aguardam, com asas abertas, o seu retorno.

Luiz Santos; Editor.

Capítulo 1
O Chamado da Luz

Há momentos em que uma suave inquietude nos toma. É como se, entre tarefas cotidianas, as responsabilidades e os ruídos do mundo, algo ou alguém nos chamasse de dentro. Não é uma voz que ecoa nos ouvidos, mas uma sensação silenciosa que percorre o corpo e a alma, como se uma lembrança distante estivesse tentando emergir. Esse é o primeiro sussurro da canalização angelical: o chamado da luz.

Desde os tempos mais antigos, os anjos têm sido descritos como mensageiros do divino, seres que habitam entre os planos e cujas asas invisíveis tocam o coração humano nos momentos de maior necessidade. Não importa a crença religiosa, cultural ou espiritual — a presença angelical transcende fronteiras, alcançando cada alma que abre espaço para sentir. Mas, o que poucos sabem, é que essa comunicação não é privilégio de santos ou místicos isolados. Ela é uma habilidade latente em todos nós.

Canalizar anjos não é apenas ouvir palavras ou captar visões. Antes disso, é perceber o chamado. Um chamado que surge nos momentos de silêncio, quando a mente cansa de lutar e o coração se dispõe a escutar. Pode vir após uma perda, durante uma transição de vida ou até mesmo sem motivo aparente, apenas como um sopro de saudade de algo que você não sabe nomear.

Essa saudade é a lembrança de que você não caminha só. Ela é o eco da sua origem espiritual, onde você já conhecia a presença dos anjos como companheiros de alma. Todos nós, em algum nível, já caminhamos ao lado deles, antes de tomarmos essa forma humana e mergulharmos na densidade da matéria. A canalização angelical não é uma novidade; é uma recordação.

Muitos imaginam que canalizar é uma habilidade extraordinária, algo restrito a médiuns, videntes ou pessoas com dons especiais. Mas a verdade é muito mais simples e, ao mesmo tempo, muito mais profunda: canalizar é retornar ao estado natural de conexão com a luz. Antes das distrações, antes das máscaras e das defesas emocionais, existia uma clareza simples. Uma confiança natural de que somos amparados.

Você não precisa ser perfeito, nem espiritualmente elevado, para sentir ou canalizar seus anjos. Não é uma questão de merecimento. Os anjos não nos julgam, nem escolhem a quem servir. Eles são pura emanação de amor divino, e amor divino não seleciona. Amor divino abraça.

Para alguns, o chamado da luz é sutil — um interesse inesperado por temas espirituais, um sonho recorrente com uma presença luminosa ou uma sensação de calor inexplicável no peito. Para outros, ele chega como uma tempestade: uma crise pessoal, uma doença, uma perda abrupta que desmonta todas as certezas e os convida a buscar consolo além do visível.

Seja sutil ou intenso, esse chamado não é um acidente. Ele é uma resposta à sua alma, que silenciosamente pediu ajuda. Em algum momento — consciente ou inconscientemente — você fez uma prece, pediu clareza, proteção, direção. E o universo respondeu, enviando sinais e abrindo esse canal.

Canalizar anjos é criar uma ponte consciente entre o seu ser e o plano sutil onde os anjos vibram. É permitir que suas mensagens, energias, curas e ensinamentos fluam até você sem filtros da mente racional. É diferente de intuição comum, pois envolve uma comunicação bidirecional — você não apenas recebe insights, mas pode perguntar, dialogar, e principalmente sentir a presença viva desses seres de luz.

Canalizar não significa abandonar seu livre-arbítrio ou entregar seu poder pessoal aos anjos. Pelo contrário: a verdadeira canalização fortalece quem você é, pois revela sua essência divina e seu propósito maior. Os anjos não vêm tomar decisões por você. Eles vêm iluminar o caminho, mas o passo é seu.

Os anjos não falam por palavras, no sentido humano. Eles falam em frequência. Cada anjo, cada arcanjo, possui uma assinatura vibratória única — uma melodia silenciosa que ressoa diretamente no seu campo energético. Quando você entra em sintonia com essa frequência, as palavras e imagens chegam como tradução espontânea dessa vibração. Por isso, cada canalizador percebe as mensagens de maneira diferente. Não há forma certa ou errada, há apenas o que é verdadeiro para você.

A primeira chave para abrir esse canal é simples e desafiadora: confiar no que você sente. Mesmo quando a mente duvida, mesmo quando a lógica tenta desconstruir, é no sentir puro que os anjos se revelam.

Muitas pessoas, quando sentem esse chamado, recuam. Surge o medo de não serem puras o suficiente, de não terem conhecimento espiritual adequado, ou de estarem apenas fantasiando. Esse é o maior bloqueio para a canalização: a crença de que é preciso ser perfeito para receber os anjos. Isso é um mito.

Os anjos não são atraídos pela perfeição, mas pela sinceridade. Pelo coração disposto a abrir espaço, mesmo que esteja ferido. Muitas vezes, são justamente as feridas que criam as frestas por onde a luz angelical consegue entrar.

Quando você aceita o chamado da luz, o universo responde imediatamente. Pode ser uma pena branca no seu caminho, uma sincronicidade improvável, ou aquela sensação súbita de que alguém está ao seu lado, mesmo sem ninguém visível.

Esses primeiros sinais são convites. Cada pequeno toque é um lembrete: você não está só, nunca esteve. O véu entre os mundos é fino e permeável, e a qualquer momento você pode atravessá-lo com a força da sua intenção e da sua abertura.

Cada pessoa é chamada de um jeito único. Alguns ouvem uma voz interior doce e tranquila. Outros sentem arrepios ou calor nas mãos. Há quem veja flashes de luz ou tenha sonhos reveladores. Não importa como o chamado chega; o que importa é responder.

O caminho da canalização angelical é uma jornada de volta para si mesmo. Cada mensagem recebida, cada toque sutil, é uma peça do quebra-cabeça que revela quem você é além do nome e da forma. Os anjos não estão fora de você. Eles são partes da mesma luz da qual você veio. Reconectar-se a eles é, em essência, reconectar-se a si mesmo.

Ao sentir esse chamado, não há manual rígido ou ritual obrigatório. Basta colocar a mão no coração, respirar fundo e dizer:

"Eu estou pronto para ouvir. Mostrem-me o caminho."

E assim, a jornada começa.

Capítulo 2
Anjos e os Coros Celestiais

Os anjos se apresentam como presenças constantes e ancestrais, entrelaçados à própria história da humanidade e à jornada espiritual de cada alma. Não surgem como figuras distantes ou míticas, mas como consciências vivas que acompanham silenciosamente cada instante da existência humana, sustentando a ponte entre a matéria e o divino. Desde os primórdios da consciência humana, eles habitam os espaços invisíveis entre os mundos, atuando como guardiões da ordem cósmica e como guias sutis daqueles que, intuitivamente ou por chamado interno, buscam reconectar-se com sua própria essência espiritual. Não são apenas mensageiros, mas extensões do próprio fluxo criador, vozes silenciosas que sussurram em meio ao turbilhão da vida e presenças luminosas que mantêm viva a memória do sagrado dentro de cada ser humano.

O contato com essas hierarquias angélicas não é fruto de um privilégio restrito a poucos eleitos, mas uma possibilidade aberta a toda alma que, com humildade e reverência, se disponha a atravessar as camadas densas da mente e do ego para reconhecer a sutileza da presença angelical. Esses seres, que preenchem os espaços entre o tempo e a eternidade, conhecem cada alma desde sua primeira emanação de consciência. Eles não são estranhos, mas companheiros íntimos de jornada, testemunhas silenciosas dos ciclos de aprendizado e despertar. Suas mensagens, embora transcendam palavras, reverberam diretamente no coração, despertando memórias adormecidas e reativando códigos ancestrais que conectam cada alma à sua origem divina. Essa conexão, quando vivenciada, dissolve a ilusão da separação e revela que os anjos não são seres externos a serem venerados, mas espelhos das potencialidades divinas que já vibram em estado latente dentro de cada indivíduo.

Ao compreender os anjos e seus coros celestiais, torna-se evidente que eles não se limitam a categorias ou funções rígidas, mas expressam dinâmicas vivas de serviço e amor em sintonia com a necessidade de cada instante do universo. Cada coro, cada ser angélico, carrega em si uma faceta da luz original, ajustada para ser acessível aos diferentes níveis de consciência. Assim, desde as presenças flamejantes e puras que circundam diretamente a Fonte, até os anjos guardiões que caminham ao lado de cada ser humano, todos participam de uma única e grandiosa sinfonia de amor e serviço. Conhecer esses coros não é apenas mapear suas funções e hierarquias, mas reconhecer em cada um deles uma vibração específica que ecoa dentro da própria alma humana. Ao abrir-se para essa percepção, o buscador não apenas entra em contato com os anjos, mas com aspectos ocultos de si mesmo, compreendendo que cada virtude angelical é também uma semente divina adormecida em seu próprio coração, aguardando o momento de germinar e florescer em consciência e ação sagrada.

A tradição esotérica, assim como a teológica, nos fala de hierarquias angelicais. Não como castas superiores e inferiores, mas como círculos concêntricos de função e proximidade da Fonte Criadora. Imagine um grande rio de luz. No centro, a própria presença divina, pura e incandescente. E ao redor dessa presença, camadas e camadas de consciências angélicas, cada uma vibrando de acordo com sua proximidade da origem e seu propósito de servir. Quanto mais próximos do centro, mais abstratos e sutis são esses seres. Quanto mais próximos da humanidade, mais densos em sua luz, para que possam ser percebidos e compreendidos pelos nossos sentidos limitados.

Os serafins são descritos como chamas puras. Não possuem forma definida porque sua essência é o próprio fogo do amor divino. Eles não falam, porque sua vibração é tão elevada que suas mensagens são como sopros de consciência que iluminam sem precisar de palavras. São os guardiões do trono, da emanação original. Estar diante de um serafim é experimentar a dissolução do ego, o encontro com a unidade absoluta. Por isso, raramente interagem diretamente com humanos. Sua função é manter a chama primordial acesa no coração do universo.

Logo após vêm os querubins, que nada têm a ver com a imagem infantilizada de anjinhos rechonchudos com arcos e flechas. Querubins são a inteligência divina em movimento. São os arquitetos da criação, guardiões dos planos universais. É através deles que os padrões geométricos da existência são sustentados. Suas mensagens são complexas, cheias de símbolos e códigos que a mente racional mal consegue acompanhar. Quem recebe mensagens de querubins geralmente é imerso em visões de formas geométricas, mandalas vivas, estruturas de luz que dançam em harmonia perpétua.

Os tronos são pilares vivos de estabilidade. Se os querubins desenham a estrutura, os tronos sustentam sua manifestação. São as colunas invisíveis que mantêm o universo erguido, ancorando a luz divina nos alicerces da criação. A presença de um trono é sentida como uma força silenciosa e imutável, como a rocha sobre a qual o mar bate sem nunca movê-la. Canalizar um trono é receber a certeza da solidez divina em meio à fluidez da existência.

E então, começam a surgir os coros mais próximos da experiência humana. As dominações, responsáveis por coordenar a atuação dos anjos em missões específicas. São como regentes de uma orquestra invisível, garantindo que cada nota da sinfonia divina seja tocada no momento certo, no tom certo. Sua presença é firme, mas amorosa. São aqueles que ensinam os canais a assumirem seu próprio poder, a tomarem suas posições no grande tabuleiro da evolução.

As virtudes carregam em si a energia dos milagres. São condutores da força divina bruta, transformando intenções puras em realidade manifesta. Quando um humano pede cura, proteção ou transformação sincera, são as virtudes que transportam essa intenção do coração para o plano divino e devolvem a resposta em forma de bênçãos tangíveis.

Sua energia é sentida como uma corrente elétrica amorosa, um impulso vital que atravessa a alma.

As potestades são guardiões das leis universais. Elas não criam as leis, mas asseguram que sejam respeitadas em cada nível da criação. Sua presença é implacável, mas não cruel. Representam o aspecto da justiça divina que transcende moralidade humana. Canalizar uma potestade é receber clareza absoluta sobre o que é certo ou errado para a alma, sem espaço para dúvidas ou desculpas.

E finalmente, chegamos às tríades mais próximas de nós: os principados, arcanjos e anjos. Os principados velam por nações, culturas e grandes movimentos coletivos. São os tecelões da história, inspirando líderes, artistas e visionários a alinharem suas ações ao plano maior. Sua presença é sentida em momentos históricos decisivos, quando o destino de povos inteiros é moldado por uma inspiração vinda de cima.

Os arcanjos são os grandes intermediários. Cada um com sua especialidade, eles atuam diretamente na vida humana, trazendo cura, proteção, sabedoria, amor e direção. Miguel, o escudo. Rafael, o bálsamo. Gabriel, a voz. Uriel, a chama. Chamuel, o coração. Jofiel, a luz da sabedoria. Zadkiel, a transmutação. Canalizar um arcanjo é como receber uma descarga de propósito, uma ativação que reacende o brilho interior e o realinha com a missão pessoal.

E, por fim, os anjos. Simples, humildes, próximos. São nossos companheiros invisíveis desde o nascimento. O anjo da guarda, essa presença silenciosa que vela nossos dias e noites, é o primeiro e o último a nos segurar pela mão. Canalizar seu anjo pessoal é como conversar com um irmão de alma que nos conhece melhor do que nós mesmos. É ouvir verdades suaves, mas implacáveis, ditas com amor incondicional.

Os coros celestiais, dispostos como uma escada de luz entre o infinito e a matéria, não são apenas uma hierarquia ordenada, mas expressões vivas de uma mesma canção divina que ecoa por toda a existência. Cada ser angélico carrega em si uma nota única dessa melodia primordial, uma frequência que não apenas sustenta a criação, mas convida a alma humana a recordar sua própria origem. Ao reconhecer essas presenças, a consciência terrena se expande, percebendo que jamais esteve isolada ou perdida, mas sempre acompanhada por mãos invisíveis que guiam, sustentam e inspiram, mesmo nos momentos mais silenciosos e solitários.

E é nesse entrelaçar de vibrações que o humano e o divino se reencontram. Não como opostos, mas como partes de um mesmo fluxo, um único sopro de vida que se dobra sobre si mesmo para se conhecer através de múltiplas formas. Os anjos e seus coros não existem como entidades separadas, distantes em algum céu inatingível, mas como espelhos de estados internos que repousam no coração de cada ser humano. Conhecê-los é, de certa forma, redescobrir-se, percebendo que cada virtude angelical já pulsa adormecida em cada alma, aguardando apenas o chamado para despertar.

Assim, a jornada de conexão com os anjos não é uma busca externa, mas um retorno íntimo e profundo ao que sempre fomos: faíscas divinas habitando a carne, aprendendo a recordar a linguagem esquecida da luz. E quando finalmente ousamos silenciar a mente e ouvir essa música ancestral, somos tomados pela certeza de que nunca caminhamos sozinhos. Cada passo foi acompanhado, cada queda foi amparada, e cada oração, por mais tímida ou desesperada, sempre encontrou ouvidos atentos nos coros celestiais.

Capítulo 3
Como os Anjos Falam?

A comunicação angelical se revela como uma tessitura vibratória que ultrapassa as fronteiras da linguagem comum, expandindo-se para além das palavras e penetrando diretamente nos campos sutis da alma humana. Ao contrário da expectativa linear da mente, que busca frases ordenadas e respostas diretas, os anjos falam por meio de uma sinfonia de sensações, imagens interiores e intuições súbitas, construindo um diálogo que transcende o intelecto e alcança camadas profundas da consciência. Essa forma de comunicação não obedece à lógica sequencial com a qual estamos acostumados. Ela se manifesta como um fluxo contínuo de impressões que, mesmo sem uma forma verbal clara, transmitem sabedoria, conforto e direção com uma precisão impossível de ser reproduzida em palavras. Esse idioma celestial é tão antigo quanto a própria existência, ressoando dentro da alma desde antes da primeira encarnação, como um eco ancestral que aguarda apenas o silêncio interior para se tornar audível novamente.

Essa linguagem angelical se molda à essência de quem escuta, adaptando-se à singularidade de cada canal e à capacidade individual de percepção espiritual. Para alguns, ela se expressa como visões espontâneas — formas geométricas vivas, paisagens de luz ou rostos brilhantes que emergem no espaço interno da mente. Para outros, manifesta-se como um influxo emocional súbito, uma onda de ternura ou coragem que surge sem causa aparente, preenchendo o peito com uma certeza silenciosa de que uma presença maior está próxima. Há ainda aqueles que percebem os anjos através de palavras soltas que brotam na mente, não como pensamentos comuns, mas como fragmentos de uma mensagem superior, carregados de uma doçura e clareza que se distinguem de qualquer monólogo interno habitual. Independentemente da forma, o elemento comum é a vibração: uma assinatura energética única, capaz de ser sentida mais do que compreendida, reconhecida mais do que explicada, que desperta na alma uma recordação intuitiva de que aquela presença é familiar, amorosa e segura.

Nesse contexto, a verdadeira escuta angelical exige um esvaziar-se dos ruídos da mente e uma entrega confiante ao espaço interno onde o sutil se manifesta. Os anjos não gritam, não impõem suas mensagens e não competem com o barulho da razão ansiosa por respostas. Eles se comunicam com a suavidade de um toque de brisa ou de uma luz que se insinua pela fresta de uma porta entreaberta, oferecendo-se ao canal sem forçar sua percepção. Por isso, o silêncio interior é a chave mestra desse processo. É na pausa, no recolhimento e no assentir sereno da alma que suas vozes vibracionais se tornam audíveis — não com os ouvidos físicos, mas com a escuta do coração espiritual, que sabe distinguir o sagrado mesmo antes que a mente compreenda. Aprender essa linguagem é, acima de tudo, reaprender a confiar nos próprios sentidos internos, redescobrindo que a alma sempre foi fluente no idioma dos anjos e que, mais do que trazer mensagens externas, esses seres celestiais despertam a memória daquilo que, no fundo, a alma sempre soube.

Os anjos não vivem no mesmo ritmo do tempo linear em que nós existimos. Eles fluem em camadas de realidade onde passado, presente e futuro se entrelaçam em uma única corrente vibratória. Isso significa que suas mensagens raramente chegam como frases ordenadas. Em vez disso, surgem como impressões, imagens, sentimentos e descargas de compreensão súbita que explodem dentro do canal, como se uma verdade que sempre esteve ali fosse finalmente reconhecida. Essa é a essência da linguagem angelical: a verdade revelada diretamente ao coração, sem precisar passar pelo filtro da razão.

Ao se abrir para canalizar um anjo, o primeiro obstáculo que surge é a dúvida. A mente racional, sempre buscando controle e lógica, se questiona se aquilo que está sendo sentido é real ou apenas fruto da imaginação. É aqui que muitos canais interrompem sua própria conexão antes mesmo de ela florescer. O segredo para atravessar essa barreira é entender que os anjos não falam apenas para serem ouvidos. Eles falam para serem sentidos. Suas mensagens não são textos escritos no céu; são vibrações que ressoam diretamente nas partes mais sensíveis da alma. Quem aprende a confiar naquilo que sente, abre uma porta direta para o mundo angelical.

Essa linguagem sutil começa, muitas vezes, com sinais aparentemente desconectados. Uma pena branca que surge no caminho, uma mudança inesperada na temperatura do ambiente, um cheiro doce no ar sem origem visível. Cada um desses pequenos eventos é uma nota na sinfonia de comunicação que os anjos constroem ao nosso redor. Eles sabem que nossa mente precisa de confirmação física para acreditar, então começam suas mensagens através da matéria. À medida que o canal aprende a reconhecer esses sinais, a comunicação vai se aprofundando.

Depois dos sinais externos, vêm as impressões internas. Um arrepio repentino, um calor que envolve o corpo, uma emoção súbita que não parece ter origem clara. Muitas vezes, a presença angelical é sentida como um abraço invisível, uma onda de paz tão intensa que as palavras se tornam desnecessárias. Nessas horas, não importa o que está sendo dito. O que importa é o que está sendo sentido — e o que está sendo sentido é amor. Amor puro, sem condição, sem exigência, sem restrição.

Quando o canal começa a se familiarizar com esse idioma sensorial, as mensagens se tornam mais específicas. Podem vir em sonhos, em visões espontâneas ou até mesmo em diálogos internos que surgem do nada, mas carregam uma sabedoria e uma ternura que não se parecem com a voz comum da mente. A mente analítica duvida, questiona, mas o coração reconhece. Esse reconhecimento é o verdadeiro marco da canalização angelical: quando você não precisa de provas porque algo dentro de você já sabe.

Os anjos também falam através da sincronicidade. Aqueles momentos em que você pensa em algo e, segundos depois, vê uma imagem ou ouve uma palavra que confirma exatamente aquilo. Eles se aproveitam das frestas da realidade para costurar mensagens entre os eventos da sua vida cotidiana. Não porque precisam da sua atenção desesperada, mas porque sabem que você está aprendendo a confiar, e cada pequena confirmação reforça essa confiança. Eles falam com a vida ao seu redor, usando o mundo como uma tela onde pintam suas respostas.

Outro aspecto essencial da linguagem angelical é a suavidade. Eles não gritam. Não invadem. Não se impõem. A presença deles é como um toque leve em uma superfície de água — suave o suficiente para não assustar, mas presente o suficiente para criar ondas que se espalham. Por isso, os momentos de silêncio são tão preciosos na canalização. É no silêncio que a voz angelical se torna audível. Não porque ela surja do nada, mas porque a quietude interna permite que aquilo que sempre esteve ali seja percebido.

E há também a linguagem da inspiração. Muitas vezes, os anjos falam nos impulsos criativos, nas ideias que brotam do nada, nas soluções que surgem sem esforço. Eles não ditam apenas mensagens espirituais. Eles inspiram caminhos, respostas práticas, decisões que, embora pareçam comuns, carregam uma precisão e uma fluidez que só podem vir de um nível superior de orientação. A criatividade, quando conectada à energia angelical, deixa de ser apenas talento e se torna serviço — serviço ao próprio espírito e ao plano maior.

Os anjos também se comunicam através da emoção. Muitas mensagens chegam como ondas de sentimento puro — amor, compaixão, paz — que preenchem todo o espaço interno do canal. Essas mensagens não vêm acompanhadas de palavras porque o sentimento, por si só, já é a comunicação completa. Em um único instante de amor absoluto, um anjo pode transmitir mais sabedoria do que páginas e páginas de texto. O desafio é confiar nesse sentimento como mensagem legítima, sem exigir que ele seja traduzido em palavras.

Conforme a conexão se aprofunda, o canal passa a reconhecer a assinatura vibratória de cada anjo. Cada ser de luz tem uma frequência única, um "tom de alma" que se manifesta no corpo e no campo do canal como uma sensação específica. Alguns anjos trazem calor, outros trazem frescor. Alguns preenchem o espaço com luz dourada, outros com uma suavidade prateada ou rosada. Essa assinatura é a identidade deles, a maneira como se apresentam antes mesmo de falarem. Com o tempo, o canal aprende a identificar cada presença pela forma como ela se sente, sem precisar de apresentações formais.

A linguagem angelical é viva, fluida, adaptável. Não é um sistema fixo, mas uma dança entre mundos. Cada canal desenvolve seu próprio dicionário interno, sua própria forma de entender e traduzir o que recebe. Não existem regras absolutas. O que existe é a relação — íntima, única e irrepetível — entre cada alma humana e os anjos que a acompanham. Aprender essa linguagem é reaprender a confiar no próprio sentir, a devolver à alma o direito de saber o que já sabe.

Com o tempo, essa dança entre mundos se torna uma extensão natural da própria consciência. O canal percebe que não está apenas ouvindo os anjos, mas dialogando com eles em um fluxo contínuo, onde a separação entre emissor e receptor se dissolve. As mensagens deixam de ser eventos isolados e passam a ser parte do tecido diário da vida, entrelaçadas nos pensamentos que surgem sem explicação, nas respostas que aparecem antes mesmo da pergunta ser feita. E assim, o sutil se torna presente, e o invisível passa a ser não apenas sentido, mas habitado.

Essa intimidade construída com os anjos não nasce da busca por respostas prontas ou garantias de proteção divina. Ela floresce da disposição de permanecer aberto ao mistério, de aceitar que nem toda mensagem virá com clareza imediata, e que, muitas vezes, a verdadeira comunicação ocorre nas camadas onde as palavras não alcançam. É uma relação de confiança e entrega, onde a alma humana e a consciência angélica aprendem a se reconhecer, não como estranhos, mas como partes de um mesmo chamado ancestral: o chamado para recordar a unidade.

E assim, a linguagem dos anjos revela-se não como um código a ser decifrado, mas como um convite a sentir a vida de dentro para fora. Cada sinal, cada sensação, cada silêncio compartilhado é um lembrete de que os anjos não falam para ensinar algo novo, mas para despertar o que sempre esteve dentro de nós. Escutar um anjo é, no fim das contas, escutar a própria alma — e descobrir que, desde o início, foi ela quem nos ensinou a ouvir.

Capítulo 4
Corpo, Mente e Alma

O corpo, a mente e a alma formam uma tríade indissociável no processo de canalização angelical, funcionando como uma rede integrada que permite ao ser humano servir de ponte entre o plano sutil e o mundo físico. Essa integração não acontece por acaso ou apenas no momento da conexão espiritual, mas se constrói ao longo da vida, a cada escolha, cuidado e percepção que cultivamos em relação a nós mesmos. O corpo é o primeiro alicerce dessa conexão. Ele é mais do que um veículo físico; é um instrumento sensorial refinado, capaz de captar vibrações invisíveis e traduzi-las em sensações, intuições e até mesmo visões internas. A saúde e o estado do corpo influenciam diretamente a clareza da recepção espiritual, não porque os anjos dependam de perfeição física, mas porque um corpo intoxicado, rígido ou esgotado interfere na fluidez natural da energia. A harmonia corporal, alcançada por meio de práticas simples de cuidado, como respiração consciente, alimentação equilibrada e movimentos que respeitem o próprio ritmo, cria uma base estável e aberta para que a luz angelical se manifeste sem distorções ou bloqueios.

A mente, por sua vez, assume a função de tradutora e organizadora daquilo que o corpo e a alma captam. No entanto, a mente humana moderna, excessivamente estimulada, condicionada ao pensamento linear e saturada de informações externas, muitas vezes se torna uma barreira à comunicação sutil. Ela tenta interpretar mensagens espirituais com os mesmos mecanismos que usa para resolver problemas cotidianos, e isso cria ruído e distorção. Para que a mente possa cumprir seu papel sem interferir, ela precisa ser treinada a escutar em silêncio, a suspender julgamentos automáticos e a aceitar o não saber. Essa mente receptiva não é uma mente apagada ou passiva, mas uma mente refinada pela prática do silêncio interior e pela disposição em acolher impressões sutis sem a necessidade de catalogá-las ou explicá-las de imediato. É uma mente que aprende a conviver com o mistério, a se tornar uma servidora da alma, permitindo que o fluxo de luz e informação angelical se expresse com clareza e fluidez.

A alma é o centro dessa tríade sagrada. É ela quem reconhece, antes de qualquer sinal ou mensagem, a presença dos anjos. Ela vibra em sintonia com as frequências angelicais porque partilha da mesma origem divina. É na alma que o chamado para canalizar nasce, como uma recordação silenciosa que ressoa desde antes da vida presente. Quando o corpo está cuidado e a mente silenciada, a alma encontra o espaço necessário para se expressar sem filtros. Essa expressão não vem como uma voz externa, mas como um reconhecimento interno — uma certeza silenciosa de que aquilo que é percebido, mesmo sem explicação racional, é verdadeiro. A alma que foi ouvida e acolhida ao longo da vida, aquela que não foi reprimida por dogmas ou medos, torna-se uma âncora firme para a presença angelical. É através dela que a conexão se estabiliza e se aprofunda, permitindo que o canal humano se torne não apenas um receptor de mensagens, mas uma presença viva de luz encarnada no mundo material.

A harmonia entre corpo, mente e alma não é uma meta distante, nem um estado permanente de perfeição. É um processo dinâmico, uma prática diária de escuta interna e autocuidado, onde cada camada do ser é reconhecida como sagrada e indispensável. O corpo não é um obstáculo à espiritualidade; ele é o templo onde a luz angelical se ancora. A mente não é um inimigo da intuição; ela é uma ferramenta que, quando treinada, organiza e dá forma à inspiração sutil. A alma não é uma entidade separada; ela é a essência divina que pulsa em cada célula, em cada pensamento e em cada emoção. Quando essas partes aprendem a dançar juntas, a canalização se torna mais do que um momento isolado de conexão. Ela se transforma em uma forma de viver, onde a presença angelical deixa de ser uma visita eventual e passa a ser uma companhia constante, fluindo em cada gesto, pensamento e emoção, tornando o próprio ser humano uma manifestação consciente da luz divina na terra.

O corpo é a fundação da experiência espiritual. Embora os anjos sejam seres de luz e não precisem de um corpo físico para existir, eles só conseguem se expressar no mundo material através do seu corpo. É através dos seus sentidos, da sua energia vital, da sua respiração e até mesmo das suas células que a presença angelical ganha forma e cor no plano humano. Isso significa que cuidar do corpo não é um capricho secundário, mas parte essencial da preparação do canal. Um corpo exausto, intoxicado, bloqueado ou em sofrimento constante cria interferências que distorcem a recepção da mensagem. Não porque os anjos se afastam de corpos doentes, mas porque a densidade do sofrimento corporal cria uma névoa que dificulta a tradução clara da luz.

Não é preciso perfeição física para canalizar. Os anjos não exigem pureza idealizada, dietas irrestritas ou práticas ascéticas. Mas o corpo precisa ser ouvido, respeitado e acolhido. Alimentar-se com atenção, descansar adequadamente e permitir que a energia vital flua sem acúmulos ou bloqueios é uma forma de respeito ao canal que você é. A saúde física, mesmo com suas imperfeições naturais, é um componente da clareza espiritual. Quando você cuida do corpo, está dizendo ao universo — e aos anjos — que está preparado para sustentar a luz que deseja receber.

A mente, por sua vez, é a tradutora dessa luz. É ela que precisa interpretar vibrações puras e sutis e transformá-las em palavras, imagens e conceitos que você compreenda. Mas a mente comum, acostumada ao ruído constante do mundo e à hiperatividade de pensamentos, não é uma tradutora confiável sem preparo. Uma mente sobrecarregada com preocupações, ansiedades e crenças limitantes é como uma rádio sintonizada em várias frequências ao mesmo tempo —

ela capta algo aqui e ali, mas o resultado é um amontoado de sons confusos.

Preparar a mente para a canalização é um processo de esvaziamento e refinamento. Não se trata de apagar pensamentos ou de forçar silêncios artificiais, mas de ensinar a mente a se colocar em segundo plano. A mente precisa aprender a servir a alma durante a canalização, não a controlá-la. Esse treinamento acontece em pequenos momentos diários: silenciar por alguns minutos antes de iniciar qualquer prática, observar os pensamentos sem apego, escolher com consciência os conteúdos que você consome e evitar a hiperestimulação mental constante. Cada pequeno cuidado é como ajustar a antena para que ela capte apenas a frequência angelical, e não o ruído do mundo.

Além do corpo e da mente, há o campo emocional. As emoções são a ponte entre o visível e o invisível. É através delas que a presença angelical se torna sentida, não apenas percebida intelectualmente. Mas emoções reprimidas, traumas não curados e dores encobertas criam camadas densas que dificultam essa percepção. Não porque os anjos não possam atravessar essa densidade, mas porque a dor cria filtros que distorcem o que é recebido. Um canal que não aprendeu a acolher suas próprias emoções terá dificuldade em distinguir entre uma mensagem angelical e uma projeção das suas próprias carências ou medos.

A preparação emocional não exige perfeição, mas pede honestidade. Não é necessário "resolver" todas as dores antes de canalizar, mas é fundamental reconhecê-las. Saber onde dói, o que ainda sangra e o que precisa de cura é uma forma de clareza interna que evita confusões durante a canalização. Anjos não rejeitam canais feridos, pelo contrário, eles muitas vezes se aproximam justamente para auxiliar no processo de cura. Mas é essencial que o canal saiba discernir entre uma mensagem vinda da luz e um eco de suas próprias feridas emocionais. Esse discernimento só é possível para quem olha para si mesmo com honestidade e compaixão.

E por fim, há a alma — o verdadeiro canal. É da alma que nasce o chamado para a canalização. É ela que reconhece os anjos antes mesmo que a mente entenda ou o corpo sinta. A alma já conhece cada ser de luz que se aproxima, porque veio da mesma fonte de onde eles emanam. Mas, para que a alma se expresse claramente, ela precisa espaço. Um espaço livre de dogmas rígidos, de culpas herdadas, de medos ancestrais. A preparação da alma é um retorno à sua própria natureza luminosa.

Essa preparação acontece em momentos de entrega. Quando você se permite estar em silêncio sem expectativa, quando se abre para a presença angelical sem exigir provas ou garantias. É nesse estado de disponibilidade, mais do que em qualquer ritual elaborado, que a alma se alinha com o fluxo divino. Não se trata de merecimento ou conquista espiritual, mas de disponibilidade sincera. A alma preparada é aquela que diz "sim" sem saber o que virá, confiando que qualquer presença que chegue trará exatamente o que é necessário.

O corpo cuida do espaço físico, a mente organiza e traduz, as emoções ajustam a sensibilidade e a alma conduz. Quando essas quatro camadas trabalham em harmonia, o canal se torna uma ponte limpa e segura entre os planos. A preparação não é um evento isolado antes da primeira canalização; é uma prática contínua. Cada cuidado com o corpo, cada pausa mental, cada olhar honesto para as emoções e cada sim da alma constrói essa ponte dia após dia.

E é nesse entrelaçar de camadas — corpo, mente, emoções e alma — que a canalização deixa de ser apenas uma prática espiritual e se transforma em um modo de existir. Cada cuidado, cada momento de atenção dedicada ao próprio ser é, na verdade, um convite silencioso para que a luz angelical se aproxime sem esforço, porque já encontra em você um espaço preparado. O canal não é uma antena separada da vida; é alguém que caminha pelo mundo consciente de que cada gesto de autocuidado, cada silêncio interno e cada emoção acolhida abre caminho para o sutil se revelar.

Esse processo contínuo de afinar-se, de ajustar o próprio campo para ser um receptáculo cada vez mais límpido, não é um fardo ou uma cobrança. É uma dança delicada entre a humanidade e o divino, onde cada parte de você é honrada e reconhecida como essencial. Os anjos não pedem perfeição, mas pedem presença. Querem habitar um canal que se conhece, que acolhe suas sombras sem se julgar indigno e que compreende que o divino se manifesta justamente na aceitação plena de quem se é — luz e escuridão, céu e terra.

No fim, preparar-se para canalizar anjos é preparar-se para encontrar a si mesmo. Não há separação real entre ouvir a voz angelical e ouvir a própria alma, pois são vozes que ecoam da mesma fonte, apenas em tonalidades diferentes. O canal íntegro é aquele que aprendeu a silenciar sem medo, a sentir sem resistência e a confiar sem exigir controle. Nesse estado de entrega consciente, o corpo, a mente, as emoções e a alma se tornam um só instrumento — e o sopro angelical, sutil e amoroso, pode enfim atravessar cada nota desse ser, transformando-o em ponte viva entre o céu e a terra.

Capítulo 5
Criando seu Santuário Angelical

Criar um santuário angelical é muito mais do que organizar um espaço físico ou decorar um canto da casa com símbolos espirituais. Trata-se de construir, em primeiro lugar, uma atmosfera vibracional capaz de acolher a presença sutil e elevada dos anjos, permitindo que suas energias se ancorem e se expressem com fluidez no plano material. O santuário físico, portanto, funciona como um espelho tangível do santuário interno, aquele que existe no âmago da alma e pulsa silenciosamente no centro do ser. O ato de preparar esse espaço externo, com intenção e amor, ativa um processo interno de alinhamento, no qual corpo, mente, emoções e espírito se harmonizam em uma mesma frequência de receptividade. Cada gesto de cuidado, cada objeto posicionado, cada prece sussurrada ao preparar o local é, em essência, um convite consciente para que os anjos se aproximem e reconheçam naquele espaço um ponto de luz em meio à densidade do mundo.

O local escolhido para esse santuário não precisa seguir regras fixas, pois o que realmente o consagra é a intenção que o permeia. Pode ser um pequeno altar sobre uma mesa, uma vela solitária próxima à cama ou até mesmo uma área ao ar livre, onde a natureza participa ativamente da vibração sutil que se deseja criar. O que transforma um espaço comum em um santuário angelical é a clareza do propósito: ali, entre o visível e o invisível, estabelece-se uma ponte viva entre os planos. Mais do que decoração, cada elemento inserido no santuário carrega a energia do significado pessoal e da intenção espiritual de quem o constrói. A vela não é apenas uma fonte de luz, mas um símbolo da chama interna que busca o contato com o divino. O cristal não é apenas uma pedra bonita, mas um amplificador de vibrações e um ancorador de frequências sutis. A flor não é apenas um ornamento, mas um lembrete de que a beleza efêmera da matéria é reflexo da harmonia eterna do espírito.

Esse espaço, aos poucos, torna-se impregnado pela energia de cada encontro, cada oração, cada silêncio amoroso dedicado à conexão com os anjos. Assim como a água absorve as propriedades de tudo com o que entra em contato, o ambiente físico do santuário absorve e irradia a vibração da presença angelical e da devoção sincera de quem ali se coloca em estado de receptividade. É um processo cumulativo: quanto mais amor, respeito e reverência são depositados no espaço, mais facilmente ele se torna uma âncora vibracional, um verdadeiro farol para as presenças celestes. Esse acúmulo energético cria uma assinatura própria, uma espécie de portal luminoso que transcende o físico e permanece ativo mesmo nos dias em que o espaço não é utilizado conscientemente. Anjos retornam naturalmente a lugares onde foram acolhidos com sinceridade, pois reconhecem nesses locais uma vibração familiar, uma ponte já construída entre suas esferas e o mundo material.

Com o tempo, algo ainda mais profundo acontece: o santuário físico deixa de ser apenas um ponto fixo no espaço e começa a se expandir para dentro de quem o criou. A vibração ali cultivada permeia os gestos diários, os pensamentos silenciosos e até mesmo as interações com o mundo externo. O corpo torna-se extensão do altar, a mente passa a atuar como guardiã do silêncio interno e o coração, agora afinado à presença angelical, carrega consigo a mesma luz que um dia foi acesa sobre a mesa ou no canto escolhido. Nesse ponto, a separação entre o sagrado e o cotidiano se dissolve, e a presença angelical deixa de ser uma visita ocasional para se tornar uma companhia constante, fluindo em cada momento da vida. Criar um santuário angelical, portanto, é dar o primeiro passo para reconhecer que o verdadeiro santuário é você — o espaço vivo onde o céu e a terra se encontram, e onde o divino e o humano aprendem, juntos, a falar a mesma língua: a linguagem do amor consciente.

Esse santuário pode ser um altar pequeno em um canto da sua casa, uma mesa limpa com poucos objetos significativos ou até mesmo uma cadeira próxima a uma janela por onde a luz do sol ou da lua possa entrar. Não importa o tamanho ou o luxo do espaço; o que importa é a intenção e a clareza com que ele é preparado. Os anjos não são atraídos por ouro ou ornamentos sofisticados. Eles são atraídos pela pureza da intenção, pelo desejo genuíno de conexão e pelo amor com que cada detalhe é cuidado.

Escolher o local é o primeiro ato de criação. Não precisa ser um espaço isolado ou afastado da vida cotidiana, mas é importante que ele possa ser respeitado como sagrado. Mesmo que você divida esse espaço com outras funções — uma mesa que também é usada para estudo ou trabalho, por exemplo — é sua intenção de separar aquele canto como um ponto de luz que o transforma em santuário. Anjos são sensíveis à intenção humana. Eles reconhecem a vibração amorosa de quem prepara um espaço não por obrigação, mas por amor ao encontro.

A limpeza do espaço é o próximo passo. Mas aqui, limpar não é apenas varrer ou tirar o pó. Limpar é retirar a densidade acumulada ao longo do tempo — pensamentos, discussões, tensões que impregnaram o ambiente. Uma simples vela acesa com intenção, um incenso suave ou até mesmo uma prece espontânea feita de coração aberto já é suficiente para dissolver essas camadas. Os anjos não exigem perfeição material, mas precisam de um espaço onde a vibração possa fluir livremente.

Ao preparar o santuário, objetos simbólicos se tornam pontes entre os mundos. Cristais, imagens, velas, flores, penas ou símbolos sagrados que ressoem com seu coração são bem-vindos. Cada objeto colocado ali deve carregar uma história, uma intenção ou um significado pessoal. Não se trata de enfeitar o espaço por enfeitar, mas de construir uma paisagem simbólica que reflita seu chamado pessoal à luz. Cada cristal escolhido, cada flor colocada, cada imagem posicionada é um convite silencioso aos anjos para que eles se manifestem.

Os anjos reconhecem a linguagem dos símbolos e respondem a ela. Um coração de quartzo rosa pode chamar a vibração de Chamuel, o arcanjo do amor compassivo. Uma vela azul pode atrair Miguel, o guardião e protetor. Uma pena encontrada na rua e colocada no altar se torna uma âncora de conexão com seu anjo pessoal. Nada é aleatório quando a intenção é clara. O santuário angelical é, em si mesmo, uma mensagem viva. Ele diz: "Aqui há um coração aberto. Aqui há uma alma disposta a ouvir."

A simplicidade é uma virtude nesse processo. Um espaço sobrecarregado de símbolos perde força, pois a mente se distrai com excessos e perde o foco da presença. Cada objeto deve ter seu propósito claro. Se uma flor é colocada, ela é colocada como símbolo da beleza e da renovação. Se um cristal é posicionado, ele é posicionado para amplificar a luz. Nada é por acaso, mas também nada precisa ser excessivamente planejado. Os anjos apreciam a espontaneidade do amor sincero muito mais do que a rigidez de rituais complexos.

Além dos objetos, o próprio ar do espaço é preparado. Sons suaves, mantras ou músicas angelicais podem preencher o ambiente antes de cada conexão. O som é uma ponte poderosa entre os planos, e certas frequências criam verdadeiros portais vibracionais. Mas o silêncio também é sagrado. O espaço consagrado não precisa estar sempre preenchido de som. A verdadeira música do santuário é a frequência do coração de quem o criou.

O tempo também consagra o espaço. Um santuário criado com amor se torna, com o passar dos dias e das práticas, impregnado de luz. Cada prece feita ali, cada momento de silêncio ou diálogo interno, deixa um rastro vibratório. Os anjos reconhecem esse rastro. Eles sabem onde já foram chamados e tendem a retornar aos espaços onde foram acolhidos com sinceridade. Com o tempo, o santuário se torna uma âncora de luz no plano físico, um ponto onde a vibração do seu anjo pessoal e sua se entrelaçam em harmonia.

Há uma delicada reciprocidade nessa criação. Você cria o espaço para os anjos, e os anjos, em troca, o preenchem com sua luz. Essa luz, aos poucos, permeia não só o santuário, mas todo o ambiente ao redor. A casa inteira se beneficia de um ponto de luz onde o divino é bem-vindo. Mesmo quem não percebe conscientemente sente a leveza e a paz que emanam de um espaço consagrado. Casas onde há santuários angelicais espontaneamente se tornam mais suaves, mais harmoniosas, como se cada canto ressoasse com um sussurro de asas invisíveis.

E há algo mais profundo: o verdadeiro santuário não é feito de velas ou cristais, mas da presença amorosa de quem o cria. O espaço externo é apenas o reflexo do espaço interno. Ao criar seu altar físico, você está, na verdade, recriando o altar do seu coração. Um espaço onde sua humanidade e sua divindade se encontram. Onde você, pequeno e imenso ao mesmo tempo, se torna a ponte entre o céu e a terra. Onde seu anjo não é mais uma presença distante, mas um visitante constante e, com o tempo, um companheiro inseparável.

Com o passar do tempo, o santuário deixa de ser apenas um lugar fixo e começa a se expandir para dentro de você. Cada vez que você se senta ali em silêncio, cada vez que acende uma vela ou conversa com seu anjo, a vibração do espaço e a vibração da sua alma se entrelaçam um pouco mais. Até que chega o momento em que não é mais preciso estar fisicamente diante do altar para sentir sua presença — ele passa a existir dentro do seu próprio peito, como um sussurro constante, uma chama delicada que arde mesmo nos dias em que a vida parece distante da luz.

É nesse ponto que a separação entre o sagrado e o cotidiano se dissolve. A mesa de orações e a mesa de jantar, o canto de meditação e a poltrona de leitura, a vela consagrada e a luz da manhã que atravessa a janela — tudo passa a ser extensão do mesmo santuário interno. Os anjos caminham com você para além daquele espaço físico, porque compreendem que o verdadeiro templo foi edificado dentro, entre as suas emoções curadas, os seus silêncios aprendidos e sua entrega amorosa ao invisível que te acompanha.

Assim, criar um santuário angelical é um ato inaugural, mas nunca final. Ele é o primeiro convite, a primeira porta aberta para que a presença angelical te encontre e te reconheça. Depois, o santuário se move com você — dentro da sua voz quando ora, dentro dos seus olhos quando contempla, dentro das suas mãos quando acolhem. Cada gesto, cada escolha, cada respiro consciente se torna parte desse espaço sagrado em movimento. E os anjos, esses companheiros invisíveis, sabem que já não precisam ser chamados: eles já moram em você.

Capítulo 6
Chakras na Canalização

A canalização angelical estabelece-se como um processo de conexão consciente e integrado, onde a energia sutil das esferas angélicas se entrelaça harmoniosamente com a estrutura energética do próprio canal. Nesse fluxo dinâmico, os chakras assumem um papel central, atuando como portais vivos, pontos de convergência entre o corpo físico, as emoções, os pensamentos e a essência espiritual. Cada chakra funciona como um centro de recepção e tradução das frequências superiores, ajustando-as à vibração pessoal do canal e permitindo que a comunicação se manifeste de forma clara e fluida. Diferente de uma simples técnica intuitiva ou mediúnica, a canalização angélica é, sobretudo, um estado de alinhamento interno, onde cada centro de força precisa estar em sintonia para que a mensagem angélica atravesse sem distorções. Esse alinhamento não depende apenas da intenção ou da fé, mas de uma relação consciente e constante com o próprio campo energético, onde cada chakra é percebido como parte integrante e indispensável do processo, garantindo que o fluxo de luz percorra o ser sem interrupções ou bloqueios.

A preparação para a canalização se revela, portanto, como um ato de autocuidado energético, no qual o canal desenvolve sensibilidade para perceber as sutilezas de seu próprio campo. Cada chakra, desde a base da coluna até o topo da cabeça, compõe uma sequência vibratória única, ajustada tanto à individualidade de quem canaliza quanto à frequência específica dos seres angélicos que se aproximam. O chakra básico, por exemplo, ancora a luz espiritual na experiência terrena, enquanto o coronário abre-se para receber a emanação celeste diretamente da fonte. Entre esses dois polos, cada centro de força desempenha uma função específica, filtrando e refinando a energia para que ela se torne compreensível e aplicável na realidade prática. Assim, a clareza da conexão angélica depende diretamente da fluidez e da harmonia desse circuito interno, onde nenhum chakra atua isoladamente, mas em constante interação com os demais. Quando algum desses centros está bloqueado, a percepção do canal se fragmenta, resultando em mensagens truncadas, sensações confusas ou interpretações contaminadas por medos, crenças limitantes e padrões emocionais não resolvidos.

Ao compreender que os chakras são mais do que simples vórtices energéticos — mas sim verdadeiras pontes entre dimensões internas e externas —, o canal desenvolve uma escuta profunda de si mesmo, tornando-se capaz de identificar os pontos de tensão ou desalinhamento antes mesmo de iniciar qualquer prática de canalização. Esse nível de consciência corporal e energética transforma a canalização em uma experiência orgânica, onde o fluxo da luz angélica não é forçado ou imposto, mas naturalmente acolhido e integrado no campo vibratório do canal. O corpo físico, a mente analítica, a memória emocional e a consciência espiritual deixam de operar como camadas separadas, passando a funcionar como um sistema único, onde a luz celeste encontra passagem livre para expressar-se com clareza, suavidade e verdade. Nesse estado de harmonia interna, a presença angelical é sentida não como algo externo que chega de fora, mas como um despertar da própria essência divina do canal, que se reconhece como parte ativa e consciente da grande rede de luz que une todas as dimensões da existência.

Os chakras não são apenas pontos de energia isolados em diferentes partes do corpo. Eles são portais, verdadeiras pontes vibratórias entre seu corpo físico, suas emoções, sua mente e sua alma. Cada chakra é uma porta de entrada e de saída para fluxos de informação, sensações e frequências que atravessam sua existência a todo momento. Quando os chakras estão desalinhados, congestionados ou fechados, sua capacidade de perceber, interpretar e traduzir as mensagens angelicais fica comprometida. Não porque os anjos não consigam se aproximar, mas porque a energia do canal se torna como um rio com pedras e desvios, dificultando o fluxo natural da luz.

A canalização angelical acontece, essencialmente, através de todo seu sistema energético. Não é apenas um "ouvir com o coração", nem apenas uma "visão interna" no terceiro olho. Cada chakra é um sensor, cada centro de energia participa da recepção e da interpretação da presença angelical. Por isso, preparar-se para canalizar significa, também, cuidar do alinhamento e da harmonia desses centros de força.

O chakra básico, na base da coluna, é o alicerce da sua presença no mundo físico. É ele quem ancora você na Terra, permitindo que a luz sutil que desce do plano angelical possa ser ancorada e expressa na sua vida concreta. Um chakra básico equilibrado garante que a canalização não seja uma fuga da realidade, mas uma integração entre o divino e o cotidiano. Quando esse chakra está bloqueado, há medo, insegurança e uma sensação de desconexão com a própria vida. Canalizar com esse chakra travado é como tentar trazer água do céu sem ter um recipiente onde ela possa ser guardada.

O chakra sacral, logo abaixo do umbigo, é o centro da sensibilidade e da criatividade. É através dele que você sente — profundamente e sem filtros — a presença angelical como uma emoção viva, uma pulsação de amor e ternura que atravessa seu corpo. É também através desse centro que a energia angelical se transforma em inspiração criativa, em formas, símbolos e mensagens que fluem espontaneamente quando você escreve, desenha ou fala o que recebe. Quando o chakra sacral está bloqueado, há medo de sentir, vergonha das próprias emoções e dificuldade de confiar nas inspirações recebidas. A canalização, então, se torna seca, mecânica, sem alma.

O plexo solar, no centro do abdômen, é a sede da sua identidade e do seu poder pessoal. É ele quem define se você confia ou não naquilo que recebe. Quando esse centro está em harmonia, você reconhece seu valor como canal, compreende que é digno de receber mensagens angelicais e aceita com humildade, mas sem autoanulação, o papel de ponte entre os mundos. Quando o plexo solar está fragilizado, o medo de estar inventando, o receio de não ser "bom o suficiente" e a necessidade de validação externa minam a clareza da conexão. A insegurança vibra como interferência no canal.

O chakra cardíaco, no centro do peito, é o coração do canal. É nele que a presença angelical é sentida pela primeira vez, como um calor doce, uma expansão de amor sem origem definida. O cardíaco é o portal direto entre sua alma e os anjos, porque é o único chakra capaz de reconhecer instantaneamente a assinatura vibratória do amor divino. Quando o coração está fechado — por medo, dor ou proteção excessiva —, a presença angelical continua lá, mas você não consegue senti-la. É como se os anjos batessem suavemente à porta de um coração que aprendeu a se proteger do amor por medo da dor.

O chakra laríngeo, na garganta, é o canal de expressão. É através dele que as mensagens recebidas ganham forma no mundo físico, seja pela fala, pela escrita ou pelo canto. Quando esse chakra está bloqueado, há medo de expressar o que foi recebido, medo de errar, de ser julgado ou de não ser compreendido. A verdade interna fica presa, e a canalização perde fluidez. Quando o laríngeo está alinhado, as palavras fluem sem esforço, sem filtro excessivo, com a espontaneidade de quem sabe que o verdadeiro valor da mensagem não está na perfeição da forma, mas na pureza da intenção.

O terceiro olho, entre as sobrancelhas, é o centro da visão interior. É através dele que as imagens, símbolos e cenários angelicais se manifestam na sua tela mental. Quando esse chakra está desequilibrado, ou há excesso de imagens desconexas, ou uma completa ausência de visualizações. Quando ele está alinhado, a visão interna se torna clara, fluida, e você aprende a confiar no que vê sem tentar forçar ou controlar.

Por fim, o chakra coronário, no topo da cabeça, é a porta de entrada da luz divina. É por ele que a presença angelical desce como uma corrente dourada ou prateada, preenchendo seu corpo e seu campo. Quando o coronário está fechado, a conexão parece distante, truncada, como se os anjos estivessem longe. Quando ele está aberto, a sensação é de pertencimento, de saber-se parte de algo maior, de reconhecer na luz que desce a mesma luz que habita seu próprio ser.

Canalizar anjos é, portanto, alinhar-se como um todo. Não basta abrir o coração e ignorar o medo no plexo solar. Não basta confiar no terceiro olho e esquecer o corpo físico. Cada chakra é uma peça do circuito que permite que a luz angelical chegue, circule e se expresse. Cada centro precisa ser honrado, ouvido, cuidado. A canalização mais pura não é a de quem sobe o mais alto, mas a de quem é capaz de abrir todas as portas internas e permitir que a luz desça e suba, livre, sem barreiras.

Os chakras formam, juntos, uma sinfonia energética onde cada nota importa, cada pausa tem significado e cada descompasso se reflete na qualidade da conexão estabelecida. Ao compreender essa dança sutil entre os centros de força, o canal se torna não apenas um receptor de mensagens, mas um ser integrado, onde corpo, mente, alma e espírito falam a mesma língua vibratória. É nesse estado de alinhamento interno que a presença angelical encontra espaço para pousar, fluir e se revelar com clareza e suavidade.

Esse cuidado com o próprio campo energético não é apenas uma preparação técnica, mas um gesto de reverência à própria existência e ao compromisso que a canalização representa. Ao honrar cada chakra, o canal reconhece que a conexão com o divino não é um ato isolado, restrito ao momento da prática, mas um estado de presença contínua, onde o corpo é templo, a mente é ponte e a alma é porta aberta. Nesse equilíbrio vivo, os anjos não precisam gritar ou forçar passagem — sua luz é acolhida como parte natural do fluxo da vida.

Assim, canalizar torna-se uma jornada de autoconhecimento e cuidado profundo, onde cada ajuste interno reflete a intenção de servir com integridade e verdade. E, nesse servir, o canal descobre que a luz dos anjos não é algo externo a ser capturado, mas uma centelha ancestral que já arde dentro de si, esperando apenas que todas as portas sejam abertas para, enfim, recordar o que sempre esteve lá.

Capítulo 7
Ferramentas de Conexão

A conexão com os anjos manifesta-se como um chamado ancestral, uma ressonância natural entre o espírito humano e as esferas celestiais. Antes de qualquer ferramenta ou ritual externo, o elo primordial se estabelece através da pureza da intenção, da abertura do coração e da entrega sincera à comunicação que transcende palavras e formas. Ainda assim, ao longo das eras, a humanidade sempre sentiu o impulso de traduzir o invisível em símbolos, objetos e gestos que tangibilizam o sagrado no mundo físico. Essa necessidade de criar pontes entre os planos — da matéria ao espírito, do visível ao invisível — não é uma fraqueza da mente racional, mas uma expressão legítima da própria essência humana, que, por natureza, transita entre o céu e a terra. Ferramentas de conexão, portanto, surgem como extensões físicas de um diálogo interno, apoios delicados que ajudam a sintonizar a mente, o corpo e a alma com a frequência sutil das presenças angélicas. Elas não invocam diretamente os anjos, pois eles respondem ao chamado do coração, mas ajustam o canal humano, facilitando a travessia da luz celestial pelo campo vibratório de quem se abre ao encontro.

Dentro desse contexto, cada ferramenta escolhida carrega em si uma função simbólica e energética, ativando camadas profundas da memória espiritual e ajudando o canal a relembrar sua própria linguagem interior. Cristais, por exemplo, atuam como guardiões da memória planetária, condensando em suas estruturas geométricas a inteligência da Terra e oferecendo-se como amplificadores e moduladores da energia pessoal de quem os utiliza. Segurar um cristal específico, colocá-lo sobre o corpo ou integrá-lo a um espaço de conexão é mais do que um gesto decorativo — é a ativação de uma aliança vibracional entre a consciência humana e a essência mineral, um ajuste fino que permite que a luz angelical encontre eco e estabilidade no campo físico. Da mesma forma, velas e símbolos assumem o papel de guias visuais e sensoriais, marcando com luz e forma os pontos de encontro entre mundos, criando uma atmosfera onde a mente intuitiva pode se aquietar e a percepção sutil se expandir. Cada chama acesa, cada traço de um símbolo carregado de significado ancestral, alinha não apenas o espaço físico, mas a própria frequência interna de quem convida a presença angélica.

O verdadeiro poder das ferramentas de conexão, contudo, não reside em suas propriedades intrínsecas, mas na relação consciente que o canal desenvolve com elas. Ao invés de buscar neles uma garantia externa de sucesso espiritual, o praticante desperta para a compreensão de que cada cristal, cada vela, cada símbolo é, na verdade, um reflexo daquilo que já existe dentro de si. A pedra que ressoa na palma da mão é a mesma que reverbera nos centros energéticos do corpo.

A chama que dança no altar é a expressão visível da luz interna que arde silenciosa no coração. O símbolo traçado com devoção é a chave que desbloqueia portais internos, permitindo que memórias e saberes ancestrais retornem à superfície da consciência. Nesse sentido, as ferramentas não são atalhos nem muletas espirituais, mas espelhos delicados que devolvem ao canal a visão de sua própria sacralidade. E, ao perceber-se como a própria ponte entre mundos, o canal compreende que a mais poderosa ferramenta de conexão é sua própria presença consciente, seu corpo que pulsa entre o céu e a terra, sua alma que recorda, a cada respiração, o caminho de casa.

Cristais são uma dessas ferramentas, talvez uma das mais antigas e universais. Eles não são apenas pedras belas; são registros vivos da própria Terra. Cada cristal é um fragmento da consciência planetária, uma testemunha silenciosa da história geológica e vibracional da Terra. Ao segurá-los, ao escolhê-los para compor um altar ou um espaço de conexão angelical, não estamos apenas decorando. Estamos estabelecendo uma ponte entre os elementos da Terra e as frequências celestiais. Os cristais são, por sua natureza, pontes. Eles condensam a energia da criação em suas formas geométricas perfeitas, e essa estrutura os torna especialmente receptivos a frequências sutis, como as vibrações angélicas.

Não há um único cristal obrigatório para canalizar anjos. Cada pessoa ressoa com pedras diferentes, e os anjos que se aproximam podem indicar, por sinais ou inspirações, quais cristais melhor harmonizam com sua presença. Quartzo transparente é um clássico, justamente por sua capacidade de amplificar qualquer intenção. Ele é um receptor neutro, disposto a expandir qualquer frequência colocada nele. O quartzo rosa, por outro lado, carrega naturalmente a assinatura do amor e da ternura, sintonizando-se facilmente com os anjos de cura emocional, como Chamuel. A ametista, com sua vibração espiritual elevada, é uma ponte natural para a clareza e a sabedoria dos anjos guardiões e arcanjos.

Mas a função do cristal não é invocar o anjo. Os anjos não precisam de cristais para chegar até nós. A verdadeira função do cristal é ajustar o canal, ou seja, você. Ao segurar um cristal, ao meditar com ele, você sintoniza seu campo pessoal com a frequência da pedra. E essa sintonia cria uma abertura em seu campo que facilita a recepção da presença angelical. O cristal é como uma chave de afinação, um pequeno ajuste vibracional que torna sua energia mais receptiva à luz sutil que se aproxima.

Velas, por sua vez, são outro elemento ancestral de conexão. Desde tempos imemoriais, o fogo tem sido visto como um mensageiro entre mundos. Ele transforma a matéria — a cera — em luz, fumaça e calor, atravessando os planos visíveis e invisíveis. Acender uma vela não é apenas iluminar um ambiente; é acender uma intenção. É criar um foco, um ponto luminoso que sinaliza aos anjos que ali, naquele momento, há uma alma disponível para o encontro.

As cores das velas podem ser escolhidas com intenção ou apenas pela intuição. Velas brancas são portas abertas, convites universais à luz pura. Velas azuis chamam a proteção e a força dos arcanjos como Miguel. Velas rosas abrem o coração, facilitando a comunicação com anjos do amor e da cura emocional. Velas douradas celebram a presença da luz divina manifesta. Mas mais importante que a cor é a intenção com que a vela é acesa. Uma vela acesa com reverência, com a mente e o coração presentes, é muito mais poderosa do que uma vela dourada acesa mecanicamente, sem alma.

O ato de acender a vela é, em si, um chamado. O simples gesto de riscar o fósforo e observar a chama nascer é uma prece silenciosa. É como se, por um instante, a alma e a matéria se encontrassem na ponta do pavio, criando uma ponte de luz que se estende para além do visível. Os anjos não precisam da chama física, mas eles reconhecem a intenção que a criou. Eles se aproximam não da vela em si, mas da luz que nasceu da sua intenção amorosa.

Símbolos são a terceira grande ferramenta de conexão. E aqui entramos em um território ainda mais íntimo, porque os símbolos são a linguagem direta do inconsciente e da alma. Cada símbolo é uma chave, uma assinatura energética que abre portas específicas dentro de você. Não é o símbolo em si que tem poder, mas o que ele desperta dentro do seu campo. Ao usar um símbolo em seu espaço de conexão ou em seu corpo, você está sinalizando ao universo qual porta deseja abrir.

O pentagrama de Vênus, por exemplo, conecta diretamente com as frequências do amor divino e da beleza cósmica. A flor da vida ressoa com os padrões geométricos da criação, ajustando seu campo ao ritmo universal. O olho de Hórus desperta a visão interior, tornando a tela mental mais receptiva a imagens angelicais. E há os símbolos pessoais, aqueles que surgem espontaneamente em sonhos ou meditações, exclusivos para cada canal.

Os anjos reconhecem a linguagem dos símbolos, porque eles mesmos se apresentam muitas vezes como símbolos vivos. Um canal experiente aprende a reconhecer seus anjos não apenas pela sensação da presença, mas por pequenas assinaturas simbólicas — uma cor específica, uma flor que sempre aparece, um número recorrente. Esses símbolos não são arbitrários. Eles são a forma como o anjo imprime sua assinatura vibratória na mente do canal. Quando esses símbolos são incorporados ao espaço físico — desenhados, esculpidos ou apenas colocados em imagens —, eles servem como âncoras, facilitando a reconexão com aquela presença específica.

Cristais, velas e símbolos não são elementos mágicos que garantem a canalização. Eles são apoios, extensões físicas do seu próprio desejo de conexão. Eles lembram sua mente e sua alma de que esse é um espaço sagrado, um momento especial. Eles ajudam a alinhar seu campo, a focar sua intenção e a criar uma atmosfera onde o sutil se torna perceptível. Mas no fim, a verdadeira ferramenta de conexão é e sempre será você. Seu corpo, seu coração, sua mente e sua alma são o altar, a chama e o símbolo vivos onde a luz angelical encontra morada.

E assim, cada ferramenta se torna um lembrete suave de que o sagrado nunca esteve distante. O cristal em suas mãos, a vela acesa no altar ou o símbolo desenhado com carinho são apenas reflexos de um diálogo que sempre existiu, mesmo antes da consciência despertá-lo. São fios de ouro que costuram o visível ao invisível, ecoando a verdade de que cada elemento externo é, no fundo, uma extensão do seu próprio ser, uma reverência silenciosa ao que em você já é divino.

Com o tempo, você passa a escolher suas ferramentas não por obrigação ou superstição, mas por afinidade e reconhecimento. Cada cristal escolhido, cada chama acesa, cada símbolo traçado revela um aspecto da sua própria jornada espiritual — como se cada objeto falasse uma língua antiga que só aua alma entende. A prática deixa de ser um ritual rígido e se transforma em uma conversa fluida, onde os anjos não são apenas presenças externas, mas ecos luminosos da sua própria luz interna despertando.

E nesse diálogo constante entre o céu e a terra, entre suas mãos e seu coração, você aprende que a verdadeira conexão é feita de simplicidade e presença. As ferramentas são belas companheiras, mas o altar mais sagrado é você. Quando o cristal repousa, a vela se apaga e o símbolo se dissolve na memória, é sua intenção amorosa que permanece — vibrando como uma estrela discreta, mas constante, no céu interior onde os anjos sempre encontram o caminho de volta.

Capítulo 8
A Vibração Pessoal

A sintonia entre a vibração pessoal e a frequência angelical estabelece-se como um campo de reconhecimento mútuo, onde cada pulsação energética emitida pelo ser humano encontra eco e resposta nas camadas sutis do plano celestial. Muito além de um evento esporádico ou uma experiência mística isolada, essa sintonia revela-se como um estado de presença expandida, onde a alma, o corpo e a mente se harmonizam em um único campo vibracional. Nesse estado, a comunicação com os anjos torna-se uma consequência natural, não algo forçado ou provocado artificialmente, mas um desdobramento espontâneo da própria qualidade vibracional que o indivíduo cultiva e emana. O ser humano é, por natureza, um emissor constante de frequências, cada pensamento, emoção e intenção reverberando no campo sutil como uma nota na sinfonia cósmica. Assim, a facilidade ou a dificuldade em perceber a presença angelical não depende de merecimento espiritual ou privilégios ocultos, mas sim do grau de sintonia entre a vibração pessoal e a frequência amorosa e pura desses seres de luz.

A vibração pessoal não é uma característica fixa, imutável ou predeterminada. Pelo contrário, ela é um fluxo dinâmico, moldado e refinado a cada instante pelas escolhas conscientes e inconscientes que o ser faz. Cada emoção acolhida ou reprimida, cada crença nutrida ou dissolvida, cada pensamento cultivado ou descartado contribui para a configuração do campo vibracional que define a identidade energética de uma pessoa. Essa vibração única atua como uma assinatura, um cartão de visita energético que determina não apenas como a pessoa é percebida pelas esferas sutis, mas também quais frequências ela consegue acessar com clareza. Os anjos, por sua natureza compassiva, não se afastam das vibrações densas ou dos momentos de dor humana, mas a percepção consciente de sua presença só é facilitada quando o campo pessoal se alinha, mesmo que por breves instantes, à frequência da aceitação, da ternura e da abertura amorosa. É nesse estado receptivo, onde não há barreiras internas entre o ser e sua própria essência, que a presença angelical se torna tangível como um calor, uma intuição ou uma onda sutil de conforto e certeza.

O coração humano, centro vibratório por excelência, desempenha um papel fundamental nesse processo de afinação pessoal. Mais do que um órgão físico ou um símbolo poético, o coração é uma antena viva, calibrada para reconhecer e responder à vibração do amor divino. Quando essa antena está obstruída por camadas de medo, autocrítica ou desconexão, a percepção da presença angelical torna-se difusa, intermitente ou completamente velada. Mas à medida que essas camadas são dissolvidas — não pela negação da dor, mas pelo acolhimento compassivo de cada fragmento da própria história —, o coração recupera sua capacidade natural de vibrar em harmonia com o campo angelical. Essa sintonia, longe de exigir perfeição ou pureza irrepreensível, pede apenas autenticidade e presença: a coragem de ser inteiro, de reconhecer as próprias sombras sem fugir delas, e de permitir que a luz interna brilhe mesmo nas frestas mais dolorosas. Quando o ser humano aprende a habitar essa honestidade vibracional, sem máscaras ou tentativas de parecer mais espiritualizado do que realmente é, a ponte com os anjos se torna sólida e constante. Eles não precisam ser chamados ou invocados — eles já estão ali, aguardando apenas o momento em que o canal interno se abra para reconhecê-los como parte inseparável do mesmo fluxo de amor e consciência que dá forma a tudo o que existe.

Amor é uma palavra tão usada, tão desgastada por interpretações limitadas, que às vezes nos esquecemos do que ela realmente significa em termos vibracionais. Para os anjos, amor não é uma emoção passageira ou uma ligação romântica entre duas pessoas. Amor é uma frequência, uma emanação pura da própria essência divina. É o fio invisível que conecta todas as coisas, de uma estrela distante a uma folha caindo no outono. É a substância invisível da qual tudo é feito. Quando falamos em "sintonizar-se com os anjos", estamos, na verdade, falando de aprender a vibrar nessa frequência primordial.

Cada ser humano possui uma vibração pessoal única, formada por camadas de experiências, crenças, emoções e memórias ancestrais. Essa vibração pessoal não é estática; ela oscila de acordo com seu estado interno, suas escolhas diárias e seu nível de consciência. E é justamente essa vibração pessoal que determina com que facilidade — ou dificuldade — você acessa a presença angelical. Os anjos não se afastam de quem vibra baixo, nem escolhem apenas aqueles que já vibram alto. Mas quanto mais próxima sua frequência estiver da frequência do amor, mais natural e fluida será a comunicação entre vocês.

A frequência do amor não é uma ideia abstrata. É uma vibração real, perceptível, que pode ser sentida no próprio corpo. Ela se manifesta como uma leveza no peito, uma abertura suave no centro do coração, uma sensação de pertencimento e segurança mesmo diante das incertezas da vida. Quando você está vibrando na frequência do amor, seu campo energético se expande, sua aura brilha com mais intensidade, e a presença angelical se torna quase tangível. É como se você estivesse falando a mesma língua vibracional que eles.

Mas o amor de que falamos aqui não é apenas o amor romântico ou afetivo. É o amor essencial, a vibração que nasce do simples reconhecimento de que você é parte da mesma luz da qual os anjos vieram. Esse amor começa por você. Sua capacidade de amar e honrar a si mesmo é o ponto de partida para sintonizar-se com qualquer ser de luz. Isso porque os anjos não estão fora de você; eles são extensões da mesma fonte que anima sua própria alma. Quando você se rejeita, se julga ou se abandona, você corta essa ponte vibracional. Quando você aprende a se acolher, a se olhar com compaixão e a reconhecer sua própria luz, essa ponte se reconstroi — e os anjos atravessam por ela.

Vibrar na frequência do amor é, portanto, um ato de memória espiritual. Você não precisa criar essa frequência do zero. Ela já existe dentro de você. O que você precisa é remover os bloqueios, os medos e as camadas de autonegação que abafam essa vibração. Cada julgamento que você sustenta contra si mesmo ou contra o mundo é como um muro que separa você da frequência natural dos anjos. Cada perdão, cada gesto de gentileza, cada ato de cuidado consigo mesmo e com os outros, é uma brecha nesse muro. Canalizar anjos é aprender a viver sem esses muros.

É por isso que a preparação para canalizar não é apenas técnica, mas emocional e vibracional. Não basta aprender os passos, conhecer os nomes ou decorar orações. É preciso sentir. É preciso relembrar como é viver aberto, sem defesas rígidas, sem couraças de medo ou cinismo. Essa abertura não é vulnerabilidade ingênua; é coragem espiritual. É saber que sua verdadeira proteção não vem do fechamento, mas da conexão com essa frequência amorosa que sustenta e permeia tudo.

E aqui há um paradoxo essencial: quanto mais você busca a conexão angelical com esforço e ansiedade, mais ela parece distante. Porque o esforço em excesso geralmente nasce da crença de que você é separado, de que precisa "alcançar" os anjos como se eles estivessem em algum lugar longe de você. Mas a verdade é que eles estão tão próximos quanto sua própria respiração. Eles não precisam ser "buscados".

Eles apenas precisam ser reconhecidos — e esse reconhecimento acontece quando você relaxa e permite que o amor, já presente, preencha seu campo.

Esse relaxamento, no entanto, não significa passividade. Significa confiança ativa. Significa cuidar da sua vibração pessoal como quem cuida de um jardim. Cada pensamento, cada palavra, cada escolha é uma semente plantada nesse jardim vibracional. Quando você escolhe pensamentos de medo, indignidade ou separação, você semeia espinhos nesse campo. Quando você escolhe pensamentos de gentileza, gratidão e abertura, você semeia flores. Os anjos caminham mais facilmente em jardins floridos.

É importante lembrar que vibrar na frequência do amor não significa estar sempre alegre ou "positivo". Isso é uma distorção. Amor verdadeiro inclui acolher a dor, a sombra e as emoções difíceis com compaixão, sem julgamento. É possível vibrar no amor mesmo nos dias em que você chora ou sente medo. Porque o amor não é a ausência da dor, mas a presença consciente e compassiva diante dela. Os anjos não se afastam quando você sofre. Eles se aproximam ainda mais, justamente porque o sofrimento sincero é uma porta aberta para o cuidado divino. O que dificulta a conexão não é a dor em si, mas a rigidez e a recusa em senti-la.

Conforme você aprende a manter sua vibração pessoal alinhada com o amor, a canalização deixa de ser um evento isolado e se torna um estado natural de ser. Você se torna um canal permanente, mesmo quando não está sentado em meditação ou segurando um cristal. Os anjos passam a habitar seu cotidiano, suas pequenas escolhas, seus gestos simples. E você percebe que canalizar não é trazer algo de fora para dentro, mas permitir que algo que já está dentro de você se expresse livremente.

E assim, a verdadeira conexão angelical se revela não como uma técnica distante, mas como um reencontro com sua própria natureza essencial. Cada ajuste na sua vibração pessoal é um convite silencioso aos anjos, um gesto sutil de reconhecimento mútuo entre sua alma e a luz que eles emanam. Quando você caminha pelo mundo com essa lembrança viva — de que sua frequência é uma extensão da frequência deles —, o véu entre os planos se afina, e a presença angelical deixa de ser um evento extraordinário para se tornar uma companhia cotidiana, sutil e amorosa.

Compreender sua vibração pessoal é, no fundo, recordar que você é um elo consciente entre a terra e o céu. Cada emoção acolhida, cada pensamento suavizado, cada palavra dita com amor ajusta seu campo como quem afina um instrumento para tocar junto ao coro invisível dos anjos. Essa afinação não exige perfeição, mas presença. Não pede pureza intocável, mas honestidade vibracional — a coragem de ser inteiro, de se permitir sentir e transbordar, sabendo que é justamente na aceitação do que é que o amor se revela.

É nesse espaço interno de aceitação e verdade que os anjos se aproximam com mais clareza. Não porque eles escolham onde estar, mas porque é nesse estado de abertura e sinceridade que você finalmente é capaz de percebê-los. Sua vibração pessoal é a chave e a porta, o chamado e a resposta. E quando essa porta se abre, não há separação entre você e eles — apenas o fluxo contínuo de uma mesma luz, fluindo por dentro e por fora, como um rio que nunca deixou de correr.

Capítulo 9
Preces e Invocações

As preces e invocações constituem um movimento sutil e poderoso de alinhamento entre a essência humana e a presença angelical. Mais do que simples palavras ditas ao vento ou repetições automáticas de textos decorados, elas são expressões vibracionais que, ao serem pronunciadas com intenção e verdade, ajustam a frequência do próprio ser ao campo luminoso dos anjos. Cada palavra carrega em si uma vibração específica, uma pulsação sonora que atravessa os limites do físico e ressoa nas camadas sutis da existência. Quando uma prece nasce da autenticidade, ela não apenas atravessa o véu entre os mundos, mas também revela ao próprio canal sua capacidade inata de ser ponte entre o visível e o invisível. A palavra consciente é um ato criador, uma fagulha de luz que organiza o espaço interno e externo, permitindo que o campo vibracional se torne receptivo à presença angelical que já aguarda, sempre próxima, apenas esperando essa porta se abrir.

Mais do que comunicação direta com os anjos, a prece é um gesto de lembrança e reconhecimento. Ao invocar uma presença, seja por meio de um nome sagrado, uma frase espontânea ou um chamado ancestral, o canal não está apenas direcionando sua intenção para fora, mas reativando dentro de si a frequência correspondente àquele ser de luz. Cada anjo carrega em sua assinatura vibracional uma qualidade específica — proteção, cura, orientação, amor ou clareza — e ao pronunciar o nome desse anjo ou invocá-lo com o coração aberto, o canal ativa em si mesmo essa mesma qualidade. Assim, invocar Miguel é despertar a própria coragem espiritual; chamar por Rafael é reconhecer o curador interno que habita cada célula do corpo e cada camada da alma. Essa compreensão transforma a prece de um pedido externo para uma jornada de reconexão interna, onde cada palavra torna-se uma chave para acessar aquilo que o próprio canal sempre foi: uma extensão da luz divina que os anjos personificam.

O verdadeiro poder das invocações não reside em sua forma ou antiguidade, mas na verdade vibracional com que são proferidas. Uma prece espontânea, nascida da vulnerabilidade e da sinceridade de um momento de entrega, ressoa com mais força nas esferas angelicais do que a mais elaborada invocação repetida sem conexão interior. Isso ocorre porque os anjos não respondem à estética das palavras, mas à frequência que as sustenta. Quando a palavra é moldada pelo amor, pela fé e pela presença plena, ela se transforma em um portal sonoro, uma ponte vibracional entre planos. Mas para que esse portal se abra, é necessário que a prece nasça não apenas da mente, mas do coração. O coração é o centro vibracional capaz de reconhecer a assinatura angelical com clareza, e quando as palavras emergem desse espaço sagrado interno, elas carregam consigo a verdade essencial que os anjos reconhecem instantaneamente: a vibração pura da alma em busca de comunhão com sua própria fonte.

Preces e invocações, portanto, não são apenas técnicas espirituais ou ferramentas externas para atrair presenças celestes. Elas são, antes de tudo, instrumentos de realinhamento pessoal, momentos em que o canal abandona as distrações do ego e da mente superficial e mergulha no espaço sagrado do sentir. Nesse mergulho, o véu entre mundos se torna diáfano e a presença angelical, que nunca esteve distante, revela-se como uma extensão amorosa do próprio ser que ora. Ao compreender que a prece não é um chamado para trazer algo externo, mas um convite para recordar o que já habita no próprio coração, o canal descobre que as palavras são apenas mapas sonoros que apontam para o verdadeiro templo: o silêncio amoroso onde anjos e almas dançam juntos desde o princípio dos tempos.

A palavra, quando pronunciada com intenção e consciência, é um ato criador. O universo foi moldado por vibrações primordiais, e cada palavra carrega uma fração dessa força criativa. Quando você ora, invoca ou pronuncia o nome de um anjo, não está apenas transmitindo um desejo. Você está moldando o espaço energético ao seu redor. Está sinalizando, para as esferas invisíveis, qual frequência você deseja atrair. A palavra é som, e o som é vibração. Em essência, falar com os anjos é aprender a vibrar junto com eles.

Mas não se trata de decorar palavras sagradas ou repetir fórmulas antigas apenas porque elas foram escritas em livros espirituais. A prece mais poderosa é aquela que nasce do seu próprio coração. A oração que você cria, com suas palavras simples e sinceras, carrega uma assinatura vibracional única: a sua. E os anjos reconhecem essa assinatura. Eles não respondem à beleza da forma, mas à verdade da intenção. Uma oração simples, dita com sinceridade, ressoa nos céus com mais força do que uma invocação complexa pronunciada sem alma.

Ainda assim, há sabedoria na tradição. Palavras e frases que foram usadas por séculos para invocar a presença angelical carregam um rastro vibratório. Cada vez que alguém, em qualquer tempo ou lugar, invocou um anjo com fé sincera, essa vibração ficou registrada no tecido do universo. Quando você usa essas palavras hoje, está se conectando a essa corrente de devoção acumulada. Está se unindo a uma egrégora de fé que fortalece sua própria intenção.

Mas as palavras são apenas o começo. A verdadeira prece é um movimento interno. Ela começa na mente, ganha forma nos lábios, mas precisa florescer no coração para que realmente atravesse os planos. Rezar mecanicamente é como bater na porta sem esperar resposta. Invocar um anjo com o coração aberto é como abrir a própria porta e convidar a presença para entrar. O som da prece é importante, mas o silêncio interno que a acompanha é essencial. É nesse silêncio que a resposta chega.

Muitos acreditam que invocar anjos exige rituais elaborados, gestos precisos ou palavras antigas em línguas desconhecidas. Isso é um mito. Os anjos não falam uma língua específica; eles falam a linguagem da alma. Eles compreendem suas palavras não pelo idioma em si, mas pela vibração que elas emitem. A frase "Estou pronto para ouvir" pode ser tão poderosa quanto uma longa oração ancestral, se for dita com verdade.

Há, no entanto, uma beleza especial em invocar um anjo pelo nome. O nome é uma assinatura vibratória. Cada nome angelical carrega em si o eco da função, da essência e da missão daquele anjo. Quando você pronuncia o nome de Miguel, Rafael, Chamuel ou qualquer outro, você não está apenas chamando uma entidade distante. Você está ajustando seu próprio campo para sintonizar com a frequência específica desse ser. É como ajustar o dial de uma estação de rádio. O nome é a frequência. A intenção é o sinal. E a fé é a antena.

Essa é a verdadeira função das invocações. Elas não obrigam os anjos a virem até você. Anjos não respondem à ordem; respondem à sintonia. Invocar é sintonizar. Quando você chama por um anjo, o chamado ressoa dentro de você antes de ecoar para fora. Você não está apenas pedindo uma presença externa. Está despertando, dentro do seu próprio ser, a parte de você que já é afinada com aquela presença angelical. Invocar Miguel é despertar sua própria coragem. Invocar Rafael é ativar seu próprio poder de cura. Invocar Chamuel é relembrar sua própria capacidade de amar.

Esse é um segredo esquecido por muitos: a verdadeira invocação não é apenas um pedido para fora, mas uma recordação para dentro. É um convite para que a luz que os anjos representam encontre eco na luz que você já carrega. Os anjos não descem do céu porque você os chamou. Eles emergem do seu próprio campo porque você se abriu para reconhecê-los.

As palavras de uma prece ou invocação, portanto, são como a melodia de uma música divina. Cada palavra é uma nota. Mas não basta tocar as notas certas. É preciso sentir a música. E essa música é amor. Sem amor, as palavras são apenas sons vazios. Com amor, cada palavra se torna uma chave de luz.

Há momentos em que nenhuma palavra é necessária. A alma, silenciosa, invoca os anjos com um simples suspiro, um olhar para o céu, uma lágrima sincera. Os anjos ouvem essas preces silenciosas com a mesma clareza com que ouvem palavras gritadas ao vento. O som não é essencial para eles, mas é para você. Quando você pronuncia uma prece em voz alta, você ancora sua intenção no mundo físico. Dá forma sonora à sua vontade interna. E isso, para sua própria mente e coração, é um ato de confirmação e presença.

Criar suas próprias preces é um exercício de confiança. No começo, a mente questiona. Será que estou dizendo certo? Será que os anjos me ouvem? Mas com o tempo, você percebe que não há certo ou errado. Há apenas verdade ou vazio. Toda prece verdadeira é ouvida. Toda invocação sincera é respondida. Talvez não da forma como você espera, mas sempre da forma que sua alma precisa.

A prece é uma ponte entre mundos, mas também entre partes de você mesmo. Ela conecta sua mente ao seu coração, sua intenção à sua alma, seu desejo à presença divina. Ela transforma um momento comum em um espaço sagrado. Torna uma sala silenciosa em um templo. Transforma um sussurro em uma trombeta celestial. Porque quando você reza, você não está apenas chamando os anjos. Você está lembrando a si mesmo de que eles sempre estiveram aqui.

E assim, cada prece sussurrada ou pensada em silêncio se torna uma trilha de luz, um caminho invisível por onde sua alma caminha ao encontro da presença angelical. Não há distância real entre o humano e o divino — apenas camadas de esquecimento e distração que a palavra consciente tem o poder de dissipar. Quando você invoca, não é o anjo que precisa encontrar o caminho até você; é você que, por meio da vibração da prece, reencontra a clareza de quem sempre foi: uma alma capaz de conversar com o céu.

Com o tempo, você descobre que as preces mais profundas não são aquelas decoradas ou recitadas como um dever, mas as que nascem do instante presente, da verdade crua e luminosa do seu próprio sentir. A prece do cansaço, a invocação do medo, a súplica da esperança e a gratidão espontânea — todas elas abrem portas. Os anjos não se movem pelo som perfeito, mas pela honestidade vibrante que ecoa de cada palavra sincera. Eles reconhecem seu chamado porque o amor que você busca é o mesmo que os compõe.

E assim, preces e invocações se tornam uma arte viva, uma conversa contínua onde a separação entre humano e celestial se dissolve. A cada palavra que nasce, você ajusta seu próprio campo, afina sua frequência e relembra, pouco a pouco, que a voz que chama e a luz que responde são, no fundo, uma só —

ecoando no silêncio sagrado onde anjos e almas dançam juntos desde o princípio dos tempos.

Capítulo 10
Sentindo a Presença Angelical

A experiência do primeiro contato com a presença angelical não se traduz por imagens espetaculares ou manifestações externas estrondosas; ela se revela em camadas sutis, permeadas por uma intimidade silenciosa entre o visível e o invisível. Antes mesmo de a mente consciente perceber, o corpo e a alma já reconhecem essa presença ancestral, pois a conexão com os anjos antecede a própria memória linear desta existência. O encontro com essas presenças luminosas não depende de dogmas ou crenças estabelecidas, pois sua essência transcende qualquer forma específica. Ele se manifesta como um chamado interno, uma lembrança gravada nas fibras mais íntimas do ser, despertada nos momentos de abertura espontânea em que a alma suspira por algo maior do que o mundo material pode oferecer. Assim, a aproximação de um anjo não é uma invasão, mas um reencontro que ressoa nas camadas invisíveis do ser, onde o espírito nunca se separou da fonte primordial. Há um reconhecimento mútuo, uma troca vibratória sutil, onde o anjo oferece sua presença compassiva e o ser humano, mesmo sem compreender, responde com uma vulnerabilidade instintiva, permitindo-se ser tocado por uma luz que é, ao mesmo tempo, familiar e inefável.

Essa primeira aproximação raramente obedece às expectativas da mente racional, acostumada a enquadrar experiências espirituais em cenários previsíveis ou dramatizados. Os anjos se movem na tessitura do sensível, onde o corpo e o coração se tornam os primeiros instrumentos de percepção. A pele capta variações sutis de temperatura, arrepios que brotam sem causa física aparente, como se uma brisa de outra dimensão atravessasse os limites da matéria. O coração, por sua vez, responde com uma abertura involuntária, uma dilatação que acolhe a vibração amorosa sem precisar nomeá-la ou compreendê-la. Esse amor que chega sem exigir, sem cobrar explicações ou méritos, carrega a assinatura inconfundível da presença angelical. Não é um amor condicionado ou direcionado a algo ou alguém; é um estado de ser, um campo vibratório onde o ego se dissolve e o ser se reconhece como parte de um todo amoroso e compassivo. Esse amor, que toca o coração sem pedir permissão, é o primeiro alicerce sobre o qual o vínculo com os anjos se constrói, um vínculo que não precisa ser racionalizado para ser real.

    A mente, naturalmente desconfiada do que escapa aos seus parâmetros de controle, tende a resistir ao contato sutil. Ela busca evidências tangíveis, sinais concretos que possam ser registrados, catalogados e comparados com referências externas. Entretanto, a linguagem dos anjos não se encaixa nos moldes rígidos da mente analítica. Ela fala diretamente ao sentir, ao silêncio interno onde as camadas mais profundas do ser mantêm viva a memória do divino. Assim, o primeiro contato com a presença angelical é, em essência, um convite para transcender a necessidade de provas e mergulhar na confiança sensorial, onde a verdade não precisa ser validada para ser sentida. Essa confiança, quando cultivada com entrega e escuta interna, permite que a presença angelical se torne parte da paisagem interna da alma, não como um evento isolado ou extraordinário, mas como um fluxo contínuo de conexão silenciosa. O primeiro contato, portanto, não é o início de algo externo, mas a revelação de uma relação que sempre existiu — um fio invisível que liga o coração humano ao coração da criação, pulsando suavemente no compasso do amor incondicional.

Para muitos, esse primeiro contato acontece antes mesmo de existir uma busca consciente. É aquela presença inexplicável sentida na infância, quando algo invisível parecia acalmar um medo noturno ou acompanhar brincadeiras solitárias. É aquela mão invisível que segurou seu peito no momento de maior dor e transformou um desespero absoluto em uma estranha paz. Os anjos raramente invadem. Eles chegam de mansinho, esperando o momento em que sua alma está pronta para reconhecê-los, mesmo que a mente ainda não compreenda.

Quando o chamado consciente surge e você decide, com intenção clara, abrir-se para o contato, é natural que a mente espere algo grandioso. Queremos ver, ouvir, saber com absoluta clareza que o contato é real. Mas os anjos não vivem na lógica humana. Eles não respondem à expectativa do ego. Eles se revelam na medida da sua abertura, e a abertura não é uma exigência; é uma entrega. O primeiro contato raramente é uma manifestação concreta. Ele é, quase sempre, uma mudança sutil no ar ao seu redor. Uma leveza no ambiente, uma mudança de temperatura que não tem explicação, um arrepio que percorre a pele sem motivo aparente.

O corpo sente primeiro. Antes da mente captar qualquer palavra ou imagem, o corpo registra a aproximação da luz angelical. A respiração muda — se aprofunda ou fica suspensa por um instante. A pele sente algo semelhante a uma brisa interna. Às vezes, é um calor suave que envolve as mãos ou o peito. Outras vezes, é como um véu de frescor passando pelo rosto. O corpo sabe. Ele reconhece a presença antes mesmo que você compreenda. Porque, em essência, seu corpo físico é um prolongamento da Terra — e a Terra reconhece os anjos desde o princípio.

Depois do corpo, o coração responde. Não como uma emoção comum, mas como uma expansão. O peito se alarga, como se o espaço interno aumentasse para acomodar algo maior que você. É uma sensação de ternura sem causa. Um amor que não precisa de motivo ou destinatário. Apenas está ali. Puro, presente, completo. Essa é a assinatura vibratória mais comum dos anjos: o amor sem condição, que preenche e envolve sem exigir nada em troca. Quando você sente isso, mesmo que por um instante, você está em contato.

A mente, porém, tem dificuldade em aceitar algo tão sutil. Ela quer provas, explicações, confirmações externas. E é aqui que muitos rompem o primeiro contato antes mesmo de compreendê-lo. A mente duvida, analisa, compara com expectativas irreais criadas por filmes ou livros. E, nessa busca por uma manifestação espetacular, ela deixa de perceber o milagre silencioso que já está acontecendo. O verdadeiro primeiro contato não é a explosão de luz, mas a presença sutil que se instala e muda algo dentro de você para sempre.

Os anjos sabem que você precisa de tempo para reconhecer essa presença. Por isso, eles raramente se impõem. Eles chegam, oferecem sua vibração, e esperam. Se você recuar, se fechar ou negar, eles não brigam. Apenas recuam também, esperando uma nova abertura. Mas se você se permite sentir, sem forçar, sem tentar encaixar a experiência em moldes prontos, algo profundo acontece. A confiança desperta. Não a confiança na experiência em si, mas a confiança no seu próprio sentir. Você começa a perceber que aquilo que parecia "imaginação" é, na verdade, uma conversa real — só que em outro idioma.

Esse idioma é o sentir. O primeiro contato é, antes de tudo, uma dança entre a presença sutil do anjo e sua disposição em sentir sem controlar. Cada pessoa sente de um jeito. Para alguns, o primeiro contato é visual — flashes de luz, cores surgindo nos olhos fechados. Para outros, é sonoro — um zumbido doce nos ouvidos, como sinos distantes ou o bater de asas. Mas, para a maioria, é simplesmente uma certeza interna, como se uma memória adormecida fosse despertada. Você não sabe como sabe — mas sabe.

E é assim que os anjos se apresentam: não como algo externo que invade, mas como algo interno que é reconhecido. O anjo que vem ao seu encontro não é um estranho. É uma presença que sua alma já conhece. Alguém que já esteve com você antes dessa vida, antes desse corpo. Alguém que conhece seus silêncios e suas preces não ditas. Por isso, o primeiro contato é, em essência, um reencontro. Uma volta para casa.

O espaço físico onde esse contato acontece pouco importa para os anjos, mas importa para você. Criar um ambiente tranquilo, acender uma vela ou segurar um cristal não é uma exigência espiritual — é um gesto de cuidado consigo mesmo. É preparar o próprio coração para o sutil. E o sutil precisa de espaço. Precisa de silêncio. Não silêncio absoluto do ambiente externo, mas silêncio interno — aquele instante em que as vozes da mente param de exigir e o coração apenas ouve.

Quando o primeiro contato acontece, algo muda para sempre. Mesmo que você tente racionalizar, explicar ou negar, algo dentro de você já sabe. Mesmo que você nunca mais sinta a mesma presença da mesma forma, a porta foi aberta. E uma vez aberta, ela nunca se fecha completamente. Porque não é uma porta entre você e o anjo. É uma porta entre você e você mesmo — entre a parte de você que vive na matéria e a parte que nunca saiu da luz.

Depois do primeiro contato, vêm os testes internos. A mente duvida, o ego questiona. Foi real? Foi coisa da minha cabeça? Eu inventei? Essas perguntas são naturais. Não são sinal de fracasso, mas de que você está atravessando a fronteira entre o visível e o invisível. A dúvida faz parte da jornada, mas ela não define a verdade. A verdade é o que ficou dentro de você, mesmo depois que o momento passou. O amor que você sentiu não pode ser inventado. A paz que atravessou seu corpo não pode ser fabricada. E mesmo que a mente duvide, o coração lembra.

E é esse lembrar silencioso que sustenta toda a jornada. Porque o primeiro contato com a presença angelical não é apenas um evento espiritual — é uma semente plantada no solo da alma, capaz de germinar mesmo sob as tempestades da dúvida e do esquecimento. A mente pode negar, o ego pode desconfiar, mas o corpo e o coração guardam a memória viva daquele instante em que a luz sutil tocou a matéria. Esse toque, por mais breve que tenha sido, é o lembrete de que você nunca esteve realmente só.

Com o tempo, você descobre que a presença angelical não é algo que vem e vai, mas algo que pulsa como um fio invisível ligando sua essência à origem de tudo. Ela não depende de grandes revelações ou sinais espetaculares, porque está na respiração calma diante do medo, na confiança inexplicável que brota no meio do caos, no abraço invisível que envolve quando as palavras falham. Cada vez que você silencia e sente, sem forçar, essa presença se reacende — não porque ela tenha se afastado, mas porque você se lembrou de sentir.

E assim, o primeiro contato se transforma em uma relação viva, em um diálogo que atravessa dias comuns e noites silenciosas. Você aprende que não precisa correr atrás da presença angelical, porque ela já caminha ao seu lado. Não precisa provar nada, nem se esforçar para ser digno de senti-la. Basta abrir espaço, abrir o peito e confiar que, sempre que você lembrar de olhar para dentro, ela estará lá — tão sutil quanto um sopro, tão constante quanto a luz que nunca deixou de brilhar em você.

Capítulo 11
Limpeza de Bloqueios Energéticos

A energia angelical permeia o espaço com uma sutileza amorosa e uma vibração que ultrapassa os limites da percepção comum, fluindo sem resistência sempre que encontra um coração disposto a recebê-la. Essa frequência luminosa, que carrega em si a pureza da fonte divina, não precisa atravessar barreiras à força nem romper estruturas internas para se fazer presente. Ela apenas responde à abertura natural de cada ser, expandindo-se na medida exata da receptividade oferecida. O verdadeiro obstáculo para essa recepção não está na intensidade ou na ausência da presença angelical, mas nas camadas de proteção que o próprio ser humano construiu ao longo de sua jornada. Essas camadas, constituídas por memórias densas, crenças cristalizadas e dores que foram cuidadosamente guardadas para evitar novos sofrimentos, acabam funcionando como filtros que limitam a percepção e o fluxo livre da luz divina. Não se trata de falhas espirituais ou de qualquer deficiência na alma; são apenas reflexos das estratégias de sobrevivência emocional que o espírito adota ao atravessar experiências de desconexão, perda ou rejeição. Essas camadas, invisíveis aos olhos físicos, tornam-se registros vibracionais no campo energético, influenciando a forma como cada pessoa sente, percebe e se relaciona com as frequências sutis ao seu redor, incluindo a presença angelical.

 A construção dessas barreiras é, em sua essência, um mecanismo natural da psique e do espírito diante de um mundo que frequentemente nega ou distorce a verdade essencial do ser. Desde os primeiros anos de vida, aprendemos a condicionar o amor à aprovação, a sufocar nossas emoções mais legítimas para sermos aceitos, e a nos moldar às expectativas externas, mesmo que isso signifique desconectar partes essenciais de quem realmente somos. Cada vez que uma emoção intensa é reprimida, que um desejo autêntico é negado ou que uma dor profunda é silenciada, um fragmento de nossa luz original é ocultado sob camadas de proteção. Essas camadas, embora criadas com a intenção de preservar a integridade emocional, acabam formando verdadeiros bloqueios no fluxo natural da energia vital e na capacidade de perceber a presença angelical de forma clara e direta. Isso ocorre porque a mesma abertura necessária para sentir plenamente a vida é a que permite a entrada da luz sutil. Quando essa abertura é comprometida, a percepção espiritual também se torna difusa, como uma mensagem captada através de uma neblina densa.

 Dessa forma, a limpeza dos bloqueios energéticos não é apenas uma prática espiritual isolada, mas um ato contínuo de reconexão com a própria essência e de resgate da confiança original de que somos dignos de receber e sustentar a luz divina. Esse processo não busca eliminar ou apagar as dores e as histórias que nos moldaram, mas sim integrá-las com amor e consciência, dissolvendo as camadas rígidas que se formaram ao redor delas. A presença angelical, ao contrário de uma força externa invasiva, é uma manifestação amorosa que aguarda pacientemente cada permissão concedida pelo coração. Ela se aproxima com respeito, aguardando o momento em que o ser se sinta pronto para liberar cada camada de dor e medo, substituindo-as por confiança e amor próprio. Limpar bloqueios, portanto, é uma jornada de retorno ao centro, onde a presença angelical e a verdade essencial do ser humano se encontram, reconhecendo-se como expressões complementares da mesma fonte luminosa, eternamente conectadas, mesmo quando as camadas de proteção criam a ilusão da separação.

Esses bloqueios não são defeitos espirituais ou falhas de caráter. Eles são parte da condição humana. Todos carregamos cicatrizes, aprendizados dolorosos e heranças emocionais que nos moldaram. Cada experiência de rejeição, cada momento em que nos sentimos indignos de amor, cada vez que sufocamos uma emoção legítima para sermos aceitos, tudo isso se acumula no campo energético. Não como uma punição, mas como camadas de proteção que a mente cria para tentar evitar novas dores. Essas camadas, com o tempo, se tornam tão densas que bloqueiam não apenas o fluxo natural da energia vital, mas também a percepção da presença angelical.

Os anjos não se afastam por causa desses bloqueios. Eles não julgam suas cicatrizes. Eles as veem como o que realmente são: tentativas da sua alma de sobreviver em um mundo muitas vezes duro e desconectado da fonte. No entanto, eles também sabem que, enquanto esses bloqueios estiverem presentes, a comunicação entre vocês será filtrada, distorcida ou fragmentada. Não porque eles não consigam falar com você, mas porque seu campo não consegue receber com clareza.

Limpar esses bloqueios é, portanto, um ato de amor-próprio e de abertura espiritual. Não é uma tarefa que se faz uma vez e está resolvida. É um processo contínuo, uma jornada de desfazer as camadas de medo e de reencontrar a confiança original de que você é digno da luz, digno do amor e digno da presença angelical. Cada camada removida não apenas facilita a canalização, mas devolve a você partes de si mesmo que ficaram presas em dores antigas. É um processo de libertação, onde a abertura para os anjos e a abertura para sua própria essência caminham juntas.

Os bloqueios energéticos podem se manifestar de muitas formas. Alguns aparecem como uma sensação de peso no corpo, como se algo invisível puxasse você para baixo sempre que tenta se conectar. Outros surgem como vozes internas que questionam e sabotam — "Isso é só coisa da minha cabeça", "Eu não sou espiritual o suficiente", "Quem sou eu para falar com anjos?". Essas vozes não são suas. Elas são ecos de memórias coletivas, de crenças herdadas e de experiências passadas em que o amor foi negado ou condicionado. Reconhecê-las é o primeiro passo para dissolvê-las.

Há também os bloqueios emocionais profundos — aquelas dores que foram enterradas porque, no momento em que aconteceram, eram grandes demais para serem processadas. Traições, abandonos, perdas. Cada uma dessas feridas cria uma contração no campo energético. E essa contração se torna um ponto cego, uma área onde a luz não consegue entrar completamente. Não porque os anjos não desejam curar essa dor, mas porque você mesmo, muitas vezes sem perceber, mantém essa área fechada, acreditando que reabrir o contato com ela traria uma dor insuportável.

A verdade é que a luz angelical nunca força a entrada. Ela respeita cada camada de proteção que você criou. Mas, ao mesmo tempo, ela permanece ali, suave e constante, esperando pelo seu consentimento. A limpeza de bloqueios não é um ato violento. É uma permissão amorosa para que a luz entre, não para arrancar suas defesas, mas para dissolvê-las com gentileza, na medida em que você estiver pronto. Os anjos nunca invadem. Eles esperam por seu sim. E esse sim pode ser tão simples quanto uma prece sincera: "Eu estou pronto para liberar o que já não me serve."

Alguns bloqueios se dissolvem suavemente, como gelo derretendo ao sol. Outros precisam ser vistos, sentidos e acolhidos antes de se transformarem. Cada bloqueio guarda uma história, e essa história merece ser ouvida. Por isso, a limpeza não é apenas energética — é também emocional. Ao se abrir para os anjos, você se abre para sua própria verdade, para aquelas partes de você que ficaram congeladas no tempo, esperando serem resgatadas. Limpar um bloqueio é resgatar uma parte de você que ficou presa na dor. E esse resgate só é possível através do amor e da compaixão por si mesmo.

Os anjos não chegam para substituir você nesse processo. Eles chegam para apoiar. Eles seguram suas mãos enquanto você olha para suas sombras. Eles envolvem você com asas invisíveis quando a dor antiga ressurge. Eles sussurram a verdade que você esqueceu: você é amado, mesmo com suas cicatrizes. Você é digno da luz, mesmo com suas dúvidas. Você é merecedor da presença angelical, não porque é perfeito, mas porque é humano.

E é justamente essa humanidade — essa mistura de luz e sombra, de medo e coragem — que torna você um canal perfeito. Não é a ausência de bloqueios que faz de alguém um bom canalizador. É a disposição de olhar para eles com amor e não com julgamento. Cada bloqueio dissolvido não apenas limpa o canal, mas expande sua capacidade de compaixão. Porque, ao liberar suas próprias dores, você se torna capaz de acolher a dor do mundo sem fechar seu coração.

A limpeza de bloqueios é, portanto, parte inseparável da preparação para a canalização angelical. Não porque os anjos exijam perfeição, mas porque sua alma merece essa leveza. E à medida que cada camada de medo se dissolve, cada crença de indignidade se desfaz e cada dor antiga é acolhida e liberada, algo mágico acontece: você percebe que os anjos nunca estiveram longe. Eles sempre estiveram do outro lado dessas camadas, esperando que você se lembrasse de que nunca foi separado da luz.

À medida que cada camada é dissolvida e cada espaço interno é banhado por essa luz sutil e amorosa, a percepção do sagrado dentro de você se amplia. Não é apenas sobre sentir a presença angelical ao redor, mas sobre reconhecer que essa mesma presença habita em seu próprio ser. Os anjos não vêm de fora, como visitantes distantes. Eles despertam de dentro, como ecos de uma verdade que sempre esteve ali — você é parte da mesma fonte luminosa que eles emanam. Limpar bloqueios é, no fundo, lembrar-se de sua própria natureza divina, que nunca deixou de existir, apenas ficou soterrada sob camadas de medo e esquecimento.

E nessa lembrança, cada encontro com um bloqueio deixa de ser uma batalha e se transforma em uma conversa. A dor antiga, antes temida, passa a ser acolhida como uma criança assustada que só precisa ser ouvida. O julgamento se dissolve, dando lugar a uma curiosidade amorosa sobre suas próprias histórias, seus próprios abismos. Os anjos não chegam para corrigir quem você é, mas para caminhar ao seu lado enquanto você desbrava cada canto escondido da sua alma, com a certeza de que mesmo as partes mais sombrias merecem amor e luz.

Com o tempo, essa jornada de limpeza e resgate deixa de ser um esforço e se torna uma prática natural, quase uma dança entre a luz angelical e a luz da sua essência. A cada camada liberada, um novo espaço interno se abre para o sagrado se manifestar. E, no silêncio desse espaço limpo e acolhido, o diálogo com os anjos se torna claro, fluido, como se a alma e a presença celestial fossem apenas duas faces de um mesmo amor, reencontrando-se enfim, sem barreiras, sem medo, apenas em comunhão.

Capítulo 12
A Sensibilidade Expandida

A sensibilidade expandida emerge como um desdobramento natural da abertura da consciência humana para além dos sentidos convencionais, permitindo que a percepção se estenda suavemente até as camadas mais sutis da realidade. Não se trata de adquirir uma nova habilidade ou desenvolver algo externo ao que você já é, mas sim de acessar uma capacidade inata, há muito presente em seu ser, embora frequentemente abafada pelo condicionamento cultural e pelas defesas emocionais construídas ao longo da vida. Desde os primeiros anos de existência, a mente aprende a privilegiar o visível e o tangível, relegando o sensorial sutil a um plano secundário, rotulando-o como fantasia, coincidência ou devaneio. No entanto, a alma nunca perde sua capacidade de sentir a trama invisível que sustenta a existência. O chamado à sensibilidade expandida é, portanto, uma reconexão com essa escuta profunda, onde cada vibração, cada sussurro e cada presença se tornam acessíveis não por meio de um esforço concentrado, mas através da disposição para sentir, acolher e confiar.

Essa expansão da percepção é, antes de tudo, um retorno à completude do ser, onde mente, corpo e espírito trabalham em harmonia para decodificar as mensagens que chegam dos planos sutis. O corpo, muitas vezes subestimado nesse processo, funciona como uma antena viva, captando sensações, arrepios, pressões sutis e mudanças de temperatura que sinalizam encontros com frequências angelicais. A mente intuitiva, livre da necessidade de controlar ou explicar, aprende a permitir que imagens, palavras e saberes brotem espontaneamente, sem exigir provas ou justificativas imediatas. E o espírito, sempre conectado à sua origem divina, reconhece a assinatura vibratória de cada presença amorosa que se aproxima, distinguindo-a com a clareza de quem reconhece um amigo antigo. Essa sintonia ampla e fluida é o cerne da sensibilidade expandida: a capacidade de perceber o sagrado nos intervalos, nos silêncios, nos detalhes sutis que a mente condicionada aprendeu a ignorar.

A sensibilidade expandida, portanto, não é um dom concedido a poucos ou uma habilidade restrita a místicos e médiuns. É uma lembrança natural da alma, acessível a qualquer ser humano disposto a desaprender os filtros rígidos que sufocam a percepção intuitiva. Desaprender a duvidar do primeiro impulso sensorial. Desaprender a desqualificar percepções que não se encaixam em explicações lógicas. Desaprender a desconfiar da própria sabedoria interna. Essa sensibilidade não é um portal para se perder em mundos paralelos ou fugir da realidade presente; ao contrário, é uma ampliação da presença no aqui e agora. Quanto mais expandida, mais consciente e enraizada a pessoa se torna, capaz de sentir o fluxo sutil da vida em cada encontro, em cada ambiente, em cada decisão cotidiana. E nessa ampliação, a comunicação com os anjos deixa de ser um evento isolado ou extraordinário e passa a ser parte orgânica da própria forma de existir, onde a linha entre o visível e o invisível se dissolve, revelando que ambos sempre foram faces da mesma realidade sagrada.

Essa sensibilidade expandida não é um dom restrito a médiuns ou videntes natos. É uma capacidade natural de todo ser humano. Todos, sem exceção, têm o potencial de ver, ouvir e sentir o sutil — porque todos, sem exceção, são parte do sutil. O que acontece, na maioria dos casos, é que a mente aprende desde cedo a desconfiar do que não pode ser explicado. A criança que vê uma luz dançando no quarto ou ouve um sussurro doce no silêncio da noite logo é ensinada a ignorar essas percepções como fantasia ou ilusão. Com o tempo, esse aprendizado vira segunda natureza, e a sensibilidade original se retrai, como uma flor que se fecha para proteger suas pétalas.

Mas essa flor nunca morre. A sensibilidade, mesmo abafada, permanece viva. E o chamado para a canalização angelical é, muitas vezes, o primeiro sopro de ar fresco que incentiva essa flor a reabrir. A sensibilidade expandida é essa capacidade de perceber o que existe além do visível e do audível comuns. É um sentido alargado, que inclui o corpo físico, mas vai muito além dele. E cada pessoa tem uma porta preferida para essa expansão.

Alguns enxergam. Essa é a clarevidência — a capacidade de ver imagens, símbolos ou até formas angelicais com os olhos internos, ou mesmo com os olhos físicos. Essa visão raramente é uma visão nítida, como olhar para uma pessoa diante de você. É, na maior parte das vezes, uma visão sutil, que acontece dentro da mente, como imagens que surgem espontaneamente, sem esforço. No início, a clarevidência se mistura com a imaginação. E isso é natural, porque a imaginação é a tela onde o sutil se projeta. O desafio é aprender a confiar na imagem que surge sem precisar da validação da mente lógica. Nem toda clarevidência é cinematográfica. Muitas vezes, é apenas uma impressão visual rápida — um lampejo, um contorno, uma cor que surge e desaparece. Mas essa imagem breve pode carregar volumes inteiros de informação.

Outros ouvem. Essa é a clareaudiência — a capacidade de captar sons, palavras ou melodias vindas do plano sutil. Assim como a visão, essa audição raramente é externa. É como uma voz interna, mas que soa diferente da voz dos seus próprios pensamentos. É uma voz com textura, com tom, com uma ternura ou firmeza que não é sua. Essa voz pode chegar como palavras claras ou como sons simbólicos — sinos suaves, sussurros incompletos, ou até batidas rítmicas. Há quem ouça melodias inteiras, como se cada anjo tivesse sua própria canção. No início, essa audição se mistura com pensamentos comuns, e o canal duvida se está ouvindo algo real ou apenas dialogando consigo mesmo. Mas, com o tempo e a prática, a clareaudiência ganha contorno próprio. A voz do anjo é reconhecida não pelo conteúdo, mas pela paz ou pela clareza que ela deixa ao passar.

E há os que sentem. Essa é a clarisciência — a percepção direta da verdade, sem intermediários visuais ou sonoros. É um saber que brota inteiro, como se a informação já estivesse lá o tempo todo, esperando apenas que a mente se aquietasse para reconhecê-la. A clarisciência é o dom mais sutil e, por isso mesmo, um dos mais desafiadores de confiar. Porque não há prova externa, não há imagem para descrever nem som para repetir. Há apenas uma certeza, que se instala no corpo e na alma como algo óbvio. "Eu sei." Sem saber como sabe. Sem explicação. Apenas a clareza, sólida como uma rocha e suave como um sopro. Os anjos amam se comunicar assim, porque essa é a forma mais próxima da comunicação direta entre almas. Não há ruído. Não há interpretação. Há apenas verdade.

Essas três portas — ver, ouvir e sentir — não são exclusivas. A maioria das pessoas tem uma porta predominante, mas com o tempo e a prática, todas elas podem se abrir. Quem começa vendo pode, com o tempo, começar a ouvir. Quem começa ouvindo pode, um dia, sentir antes mesmo de ouvir. E quem apenas sente, com o tempo, pode começar a ver ou ouvir. Porque a sensibilidade expandida é, em essência, uma abertura total do ser. Não é sobre escolher uma forma de perceber, mas sobre estar inteiro, disponível para receber a luz da forma como ela quiser chegar.

Os anjos não escolhem uma única porta para entrar. Eles se ajustam ao canal. Se seu coração está mais aberto do que sua mente, eles falam através do sentir. Se você tem uma mente naturalmente visual, eles projetam imagens. Se sua conexão com o som é profunda, eles se aproximam como voz ou melodia. E mesmo que você ache, no início, que não tem dom nenhum, isso não é verdade. A sensibilidade expandida não é um presente concedido a poucos. É uma capacidade adormecida em todos.

Despertar essa sensibilidade é, muitas vezes, um processo de desaprender. Desaprender a duvidar do que você sente. Desaprender a exigir provas o tempo todo. Desaprender a medir cada percepção com a régua da lógica. O sutil não pode ser pesado, medido ou encaixado em explicações lineares. Ele só pode ser sentido, aceito e confiado.

E há algo ainda mais profundo: a sensibilidade expandida não é apenas uma ferramenta para canalizar anjos. Ela é uma expansão da sua própria consciência. Ela permite que você perceba não apenas os anjos, mas a vida inteira de outra forma. Você sente a vibração das pessoas, das palavras, dos lugares. Você se torna mais consciente de como cada escolha afeta seu campo. Você aprende a reconhecer quando uma emoção é sua e quando é apenas uma nuvem passageira vinda do ambiente.

Com o tempo, essa sensibilidade expandida deixa de ser uma experiência esporádica ou reservada aos momentos de conexão espiritual e passa a permear cada aspecto da vida. É como se um novo par de olhos internos se abrisse, permitindo enxergar a realidade por trás das aparências, o fio invisível que une cada encontro, cada sensação, cada silêncio. Você se torna um receptor constante, não porque está em busca de mensagens o tempo todo, mas porque aprende a habitar o presente com uma presença tão plena que o sutil já não precisa mais gritar para ser ouvido. Ele se revela no simples, no cotidiano, no instante que antes passava despercebido.

E essa expansão da percepção não significa carregar o peso do mundo, mas desenvolver uma espécie de inteligência sensível, uma sabedoria que sabe diferenciar o que é seu e o que é do outro, o que é verdade e o que é eco de antigas ilusões. Os anjos não querem que você se torne uma antena frágil, à mercê de cada vibração ao redor, mas sim um canal enraizado, que sabe filtrar, escolher, acolher e, quando necessário, proteger-se. A verdadeira sensibilidade não é vulnerabilidade sem fronteiras — é abertura com discernimento, é escutar com o coração sem abandonar o centro.

Esse é o verdadeiro convite da sensibilidade expandida: permitir que sua consciência cresça para além da mente analítica, mas sem negar a lucidez; expandir seu sentir sem se perder nele; abrir-se para o invisível sem desconectar-se do chão. Porque a canalização angelical não é um chamado para fugir da realidade, e sim para habitá-la de forma mais plena, mais desperta e mais verdadeira. Os anjos não falam de um céu distante. Eles falam da terra sagrada que você pisa agora — e ensinam que é exatamente aqui, com os pés bem firmes no mundo, que o sutil e o divino podem se revelar.

Capítulo 13
Anjos Pessoais e Anjos Universais

Dentro do vasto campo de conexão com os reinos angelicais, emerge uma dinâmica sutil e essencial que diferencia os anjos que caminham de mãos dadas com sua alma ao longo de todas as suas existências, daqueles que se aproximam como forças cósmicas de apoio em momentos específicos. Antes mesmo de qualquer comunicação direta ser estabelecida, é essa presença amorosa que molda o alicerce da sua jornada espiritual, entrelaçando-se silenciosamente ao seu campo energético e ao seu propósito de alma. Esses anjos, muitas vezes chamados de anjos pessoais, não surgem de uma designação arbitrária, nem de uma escolha aleatória feita em algum ponto da sua encarnação atual. Eles são extensões vibracionais do seu próprio ser, guardiões de sua essência mais pura, companheiros ancestrais cuja existência está diretamente ligada à sua evolução. Não apenas testemunham suas escolhas, suas quedas e suas ascensões ao longo do tempo, mas também guardam os fios invisíveis que conectam suas diferentes vidas em um único tecido de aprendizado e expansão. É com eles que seu coração conversa mesmo quando sua mente silencia, e é deles que brota aquela voz suave e conhecida que já o resgatou inúmeras vezes do abismo da dúvida ou da desesperança.

A presença desses anjos pessoais não depende de merecimento, nem de algum tipo de conquista espiritual. Eles não chegam como prêmio ou como reconhecimento de uma evolução alcançada. Eles simplesmente estão, desde sempre, porque a ligação entre sua alma e a deles é anterior a qualquer experiência terrena. É como se fossem guardiões do seu mapa original, mantendo viva a memória vibracional de quem você realmente é, mesmo quando suas circunstâncias o fazem esquecer. Esse vínculo, tecido em camadas de amor incondicional, torna a comunicação com esses anjos particularmente íntima e natural. Eles conhecem suas sombras, suas resistências, suas repetições cármicas e suas dores ocultas — e ainda assim, ou justamente por isso, permanecem ao seu lado sem julgamento, apenas com a firmeza amorosa de quem sabe que cada queda é apenas parte do caminho de volta para casa. Ao reconhecer essa presença constante, você começa a perceber que sua relação com seu anjo pessoal não se baseia em invocação ou formalidade, mas em confiança e entrega. Ele não precisa ser chamado, porque já habita os espaços silenciosos entre seus pensamentos e suas emoções mais profundas.

Mas além dessa presença íntima e ancestral, existem também as forças maiores — os anjos universais — cuja atuação transcende a individualidade de uma alma específica e se estende como um rio de luz servindo à humanidade como um todo. Esses anjos não pertencem a ninguém em particular, mas respondem à vibração coletiva da prece sincera, do desespero compartilhado ou da intenção pura de cura e transformação. São inteligências divinas que carregam em si frequências específicas da Fonte, expressando qualidades arquetípicas como proteção, sabedoria, cura, compaixão e coragem. Cada um deles é uma emanação direta dessas virtudes cósmicas, atuando não apenas para apoiar indivíduos, mas para equilibrar fluxos planetários, dissolver acúmulos energéticos coletivos e sustentar processos de despertar em larga escala. Eles não chegam para preencher lacunas emocionais ou para resgatar uma alma específica, mas para ancorar uma qualidade divina no tecido vibracional da Terra, servindo a qualquer ser humano cuja vibração ressoe com essa frequência em determinado momento.

    A interação entre anjos pessoais e anjos universais é, portanto, uma dança harmoniosa entre o íntimo e o cósmico, o singular e o coletivo. O anjo pessoal sustenta a chama única da sua essência, acompanhando-o nos processos de autoconhecimento e integração pessoal. Ele fala a língua da sua alma, adaptando cada mensagem à sua história e à sua sensibilidade específica. Já os anjos universais falam uma língua arquetípica, cujas palavras não pertencem a você, mas ecoam através de você como ondas de uma sabedoria maior que ultrapassa sua existência individual. Quando você se abre para canalizar essas presenças universais, não está apenas recebendo orientações para sua própria jornada, mas se tornando um ponto de ancoragem para que essa frequência divina chegue à Terra, beneficiando outros seres além de você mesmo. Esse entrelaçar de presenças

— uma que caminha dentro do seu coração e outra que se derrama sobre sua alma como chuva cósmica — cria a tapeçaria única da sua canalização angelical, onde o pessoal e o universal se encontram, fundindo-se em um só fluxo de amor e serviço.

Para compreender essa dinâmica, é importante saber que existem dois grandes tipos de presenças angelicais que podem se manifestar ao longo da sua jornada de canalização: os anjos pessoais e os anjos universais. Ambos são expressões do mesmo amor divino, mas se apresentam de maneiras e com propósitos diferentes.

Os anjos pessoais são os que caminham com você desde o início. São presenças que se entrelaçam à sua alma desde antes de sua primeira respiração física. Estão com você em cada encarnação, não como vigilantes distantes, mas como companheiros íntimos, como testemunhas silenciosas da sua evolução. Eles não são apenas guardiões que evitam acidentes ou afastam perigos. Eles são parte do seu caminho, guardiões do seu propósito mais profundo. Eles conhecem seus medos, suas fragilidades, suas sombras — e mesmo assim, ou por isso mesmo, nunca se afastam.

Seu anjo pessoal não é uma presença neutra, designada de forma burocrática no instante da sua concepção. Ele escolheu caminhar com você. E essa escolha nasce de uma afinidade vibracional entre sua alma e a essência dele. Existe algo em você que ressoa diretamente com esse anjo específico. Ele não é só seu protetor — é seu espelho em luz. Ele reflete suas potencialidades, suas virtudes esquecidas e os talentos espirituais que você trouxe consigo para essa vida. Por isso, seu anjo pessoal é, ao mesmo tempo, guia e espelho. Ele aponta o caminho, mas, acima de tudo, lembra você de quem é.

A comunicação com o anjo pessoal tende a ser mais íntima, mais direta, porque a conexão entre vocês é ancestral. Esse anjo já conhece suas resistências, suas dúvidas recorrentes e seus mecanismos de autossabotagem. Ele sabe como falar com você, ajustando a mensagem para que ela atravesse suas defesas com amor e paciência. Muitas vezes, a presença desse anjo é sentida como algo familiar, como se você não estivesse conhecendo alguém novo, mas reencontrando uma parte esquecida de si mesmo. E é exatamente isso.

O anjo pessoal não muda de uma vida para outra, porque ele não é designado apenas para proteger essa existência específica. Ele protege sua alma como um todo, acompanhando-a nos altos e baixos do seu ciclo evolutivo completo. Pode ser que, em vidas diferentes, você o perceba de formas distintas — como uma figura masculina, feminina, ou como pura luz. A forma não importa. O vínculo, sim.

Diferente do anjo pessoal, os anjos universais não pertencem a uma alma em particular. Eles são forças cósmicas, inteligências divinas que servem a humanidade como um todo. Cada um deles guarda uma qualidade essencial da Fonte — cura, proteção, sabedoria, amor, coragem, transmutação — e atua onde essa qualidade for necessária, independentemente de vínculos individuais. Você pode invocar Miguel para proteção mesmo que nunca tenha sentido sua presença antes. Rafael pode responder a um pedido de cura de alguém que nunca ouviu seu nome. Os anjos universais servem a humanidade sem distinções, sem preferências.

Esses anjos universais — ou arcanjos, dependendo da tradição — têm suas assinaturas vibratórias bem definidas. Cada um carrega uma cor, uma frequência e um propósito específico. Não são "donos" dessas qualidades, mas são canais perfeitos para expressá-las. Quando você chama por Chamuel, por exemplo, não está apenas pedindo ajuda a um ser externo, mas sintonizando-se diretamente com a frequência universal do amor compassivo. Ao invocar Uriel, você está ajustando seu campo à chama dourada da sabedoria divina. Esses anjos são expressões vivas das qualidades divinas, e sua presença é sentida de forma expansiva, abrangendo não apenas você, mas o ambiente ao seu redor.

É comum, durante o processo de canalização, sentir a presença de ambos os tipos de anjo. O anjo pessoal é aquele que você sente quase como parte de você mesmo — íntimo, constante, familiar. Ele chega nos momentos de crise interna, nos diálogos silenciosos entre seu coração e sua alma. Já os anjos universais chegam com uma força que parece vir de fora, como uma onda de luz que se derrama sobre você e o ambiente. Eles chegam quando sua prece ultrapassa o nível pessoal e toca no coletivo — quando sua dor, seu pedido ou seu desejo ressoa com a dor e o desejo de muitos.

Esses anjos universais podem vir e ir, aparecer em momentos específicos e depois se afastar, deixando apenas o rastro da qualidade divina que trouxeram. Eles não se ligam à sua alma como o anjo pessoal, mas respondem sempre que sua vibração sintoniza com a deles. É uma conexão aberta, disponível a qualquer um que tenha coração sincero e intenção clara.

Com o tempo e a prática da canalização, você aprenderá a diferenciar esses dois tipos de presença. O anjo pessoal é o fio de ouro que percorre toda sua vida, presente mesmo quando você esquece ou duvida. Os anjos universais são como raios de sol que iluminam o caminho em momentos críticos, trazendo qualidades específicas para preencher suas lacunas temporárias. Ambos são essenciais. Um sustenta, o outro expande. Um caminha ao seu lado, o outro ilumina o horizonte.

E, no entrelaçar dessas presenças, sua jornada espiritual se torna uma dança fluida entre o íntimo e o cósmico, entre o pessoal e o universal. Há momentos em que o sussurro amoroso do seu anjo pessoal é tudo de que você precisa — uma lembrança suave de que nunca esteve só, mesmo nas noites mais escuras da alma. Em outros, é a força imensa de um anjo universal que rasga o céu interno, trazendo exatamente a qualidade divina que faltava para sustentar seu próximo passo. Nenhuma dessas presenças substitui a outra, porque cada uma cumpre um papel essencial dentro da sua expansão e do seu despertar.

Com o tempo, você perceberá que não é a identificação exata — o nome, a forma ou a hierarquia — que importa, mas sim a entrega. Quanto mais você solta a necessidade de controlar com a mente, mais a conexão se aprofunda e mais claro se torna o propósito de cada visita angelical. Seu anjo pessoal o recorda do seu próprio brilho, enquanto os anjos universais ampliam sua visão, mostrando que sua luz pessoal é parte de uma constelação infinita de almas, todas interligadas, todas nutridas pelas mesmas correntes divinas. Essa percepção muda tudo: você não é apenas protegido ou guiado, você é um elo vivo no fluxo da própria criação.

    E assim, entre conversas íntimas com seu guardião e convocações sinceras aos anjos universais, você vai aprendendo a confiar não apenas nos mensageiros, mas também na sua própria capacidade de escutar. Porque cada presença angelical, seja pessoal ou universal, não chega para ocupar o lugar da sua própria luz, mas para lembrá-lo de que essa luz já existe em você. E cada vez que essa lembrança desperta, você se torna, pouco a pouco, um canal mais claro, mais enraizado e mais consciente da vastidão luminosa que sempre o cerca — e que, no fundo, é também o que você é.

Capítulo 14
O Elo Dourado

A conexão entre sua alma e os planos angelicais é uma realidade pulsante e contínua, uma corrente viva de energia que atravessa o véu entre mundos e se entrelaça à sua essência mais profunda. Não é preciso construir esse elo do zero ou conquistá-lo por meio de méritos espirituais, pois ele é parte intrínseca da estrutura do seu ser. Desde o instante em que sua alma foi concebida na mente divina, essa ligação dourada foi tecida, não como um privilégio, mas como uma extensão natural da sua origem. O contato com os anjos, portanto, não é uma habilidade extraordinária reservada a poucos escolhidos; é uma memória vibracional que pertence a todos, uma frequência adormecida que aguarda apenas o reconhecimento consciente para despertar e florescer. Mesmo quando sua mente se ocupa das demandas diárias e se deixa engolir pelas pressões e ruídos do mundo físico, essa ligação nunca é cortada — ela apenas fica coberta por camadas de esquecimento, distração e autossuficiência forçada. Por isso, o primeiro passo para sentir essa conexão de forma consciente não é buscá-la fora, mas lembrar-se dela dentro de si.

Esse elo dourado não é uma metáfora poética; é uma estrutura energética real, uma ponte vibracional que parte do centro do seu peito — ou de camadas ainda mais sutis da sua alma — e se estende em direção às esferas superiores, onde a presença angelical vibra em sua pureza original. Ele é tecido de intenção, amor e reconhecimento, e sua força não depende de técnicas elaboradas ou cerimônias formais, mas da qualidade da sua presença interior. Cada vez que você se recorda da existência desse vínculo, ele brilha um pouco mais. Cada vez que você se volta aos anjos, mesmo que em meio à dúvida ou ao ceticismo, o fluxo dessa corrente se intensifica. E, o mais importante, cada vez que você reconhece que não é separado da luz — que essa conexão não é algo externo, mas parte essencial de quem você é —, o elo deixa de ser um conceito espiritual distante e se torna uma presença interna tangível, quase física, sustentando sua caminhada com uma segurança silenciosa.

    A consciência plena desse elo é cultivada na simplicidade dos encontros cotidianos entre você e o invisível. Não é preciso esperar por momentos de meditação profunda ou rituais solenes para fortalecer essa conexão. Ela se constrói nos instantes em que seu coração espontaneamente busca conforto ou orientação. Quando você fecha os olhos por um segundo, respira fundo e diz: "Eu sei que vocês estão aqui", algo nesse fio dourado pulsa com mais força. Quando você caminha pela natureza e sente, sem esforço, uma presença amorosa ao seu lado, esse elo se expande. Quando você escreve uma prece sincera ou simplesmente agradece por algo pequeno, mesmo sem ouvir uma resposta clara, essa corrente ganha corpo e consistência. Ela é tecida nos gestos sutis, nas palavras silenciosas e, sobretudo, na repetição amorosa do ato de lembrar. Lembrar que você é acompanhado. Lembrar que a separação é uma ilusão. Lembrar que a luz nunca deixou de fluir, apenas esperou seu olhar para se tornar visível.

Com o tempo e a prática dessa lembrança ativa, o elo dourado deixa de ser uma conexão eventual e passa a ser um alicerce permanente. Ele não é mais apenas um canal pelo qual os anjos chegam até você — ele se torna a própria espinha dorsal da sua consciência espiritual, um eixo invisível que sustenta sua percepção mesmo nos momentos de dúvida ou desconexão. Esse elo é sua raiz espiritual, seu canal de nutrição direta com a fonte divina e com as presenças angelicais que, mais do que mensageiros, são guardiões amorosos da sua luz original. Criar essa ligação consciente é, no fundo, lembrar-se de que você nunca esteve separado daquilo que busca. É descobrir que os anjos não vêm de fora para iluminar sua escuridão — eles emergem de dentro, como reflexos da luz que sempre existiu no âmago da sua alma. E, ao reconhecer essa verdade, o elo dourado não é apenas fortalecido; ele se torna parte da sua identidade espiritual, uma ponte permanente entre sua humanidade e sua divindade.

Esse elo dourado, como muitos canalizadores gostam de chamar, é uma conexão viva entre você e o plano angelical. Não é uma linha estática, mas uma corrente de energia em constante movimento, pulsando conforme suas emoções, suas intenções e seu estado vibracional. Quando você se lembra da presença dos anjos, esse elo brilha com mais intensidade. Quando você se esquece, ele não desaparece, apenas se retrai, esperando pelo seu próximo olhar consciente. O elo não pertence aos anjos, nem pertence a você. Ele é uma terceira força, criada pela soma da sua intenção e da presença amorosa deles. É um vínculo de alma, uma assinatura energética que une sua essência à deles.

Criar essa ligação consciente é, portanto, muito menos um ato técnico e muito mais um estado de ser. Não se trata de executar rituais ou pronunciar palavras específicas, embora essas práticas possam ajudar a mente a focar. A verdadeira ligação consciente nasce quando você escolhe, de forma consistente, viver como alguém que sabe que nunca está só. Cada pensamento que reconhece a presença dos anjos, cada prece que nasce espontaneamente no seu peito, cada gesto de confiança em meio ao medo, fortalece esse elo. Ele se constrói na repetição amorosa da lembrança: eles estão aqui.

Mas como transformar essa lembrança em algo sólido, tangível, que você possa sentir mesmo nos dias em que a névoa do mundo cobre sua percepção? Esse é o coração da criação consciente do elo dourado. Os anjos não exigem sua perfeição, mas sua constância. Eles não precisam que você os perceba todos os dias, mas que você se disponha, dia após dia, a abrir uma fresta de consciência por onde eles possam entrar. O elo dourado não é uma corrente forjada em rituais solenes, mas um fio sutil que se fortalece na soma de pequenos encontros diários — o suspiro de gratidão ao acordar, o gesto de colocar a mão no peito antes de uma decisão importante, a palavra silenciosa de "me ajuda" no meio de uma conversa difícil.

Para que esse elo se torne consciente, é essencial que você o personalize. Não existe uma fórmula universal, porque cada vínculo entre alma e anjo é único. Talvez para você essa ligação se fortaleça em momentos de silêncio contemplativo, olhando para o céu ou sentindo o vento tocar sua pele. Para outra pessoa, pode ser no ato de acender uma vela ou escrever uma carta de gratidão ao anjo guardião. O que importa não é a forma externa, mas a coerência interna — a repetição amorosa de um gesto que, com o tempo, se torna uma ponte permanente entre os mundos.

Os anjos respondem à sua assinatura vibracional única. Cada vez que você os chama, com suas palavras, seu tom de voz, sua emoção particular, você ajusta esse elo dourado para que ele ressoe com quem você é. Não é preciso copiar orações de outras pessoas ou tentar imitar a forma como outros canais se conectam. O elo é seu. Ele carrega sua voz, seu jeito de pedir, sua forma de amar. E é justamente essa autenticidade que o torna indestrutível. Um elo construído sobre fórmulas externas é frágil, porque não tem raízes em quem você realmente é. Um elo construído sobre sua verdade, mesmo que imperfeita, é inquebrável.

Ao longo do tempo, esse elo se torna quase físico. Você o sente como uma presença constante, um fio invisível que parte do seu peito ou do topo da sua cabeça e se estende para algo maior. Em momentos de calma, você percebe esse fio como uma leve pulsação, um calor ou uma corrente sutil atravessando seu corpo. Nos momentos de crise, ele se torna um cabo de resgate, uma ponte dourada que o segura e o puxa de volta para a luz. Criar uma ligação consciente com os anjos não é garantir que você nunca mais se sinta perdido. É saber, mesmo no meio da escuridão, para onde olhar.

Esse elo também é uma via de mão dupla. Não é apenas você que se conecta aos anjos — eles também atravessam essa ponte para alcançá-lo. Cada vez que você abre espaço para ouvi-los, eles ajustam sua frequência para se tornarem mais perceptíveis a você. Não porque eles precisem mudar — a luz deles é constante —, mas porque eles respeitam seu ritmo. Se você só consegue sentir um leve calor nas mãos, eles usam isso. Se você percebe melhor sinais externos, eles os multiplicam. Eles atravessam o elo dourado na medida exata da sua abertura. E com o tempo, essa medida se expande. Cada pequeno contato fortalece o próximo.

Há um momento, depois de muitos encontros silenciosos, em que o elo dourado deixa de ser apenas uma ferramenta de canalização e se torna uma parte de quem você é. Você já não precisa chamá-los o tempo todo porque sabe que eles estão ali. Não porque você veja ou ouça, mas porque o elo é sentido como uma extensão do seu próprio ser. Esse é o verdadeiro propósito da ligação consciente: dissolver a separação entre você e eles, até que a presença angelical não seja mais uma visita externa, mas uma lembrança constante de que a luz sempre habitou em você.

Esse fio de ouro, tecido entre sua alma e a esfera angelical, não é apenas um canal de comunicação — é um reflexo da sua própria essência luminosa. Cada vez que você reconhece sua conexão com os anjos, está reconhecendo também sua ligação inata com a Fonte, com o divino que pulsa em você e ao seu redor. O elo dourado não é algo fora de você, mas uma extensão do seu próprio coração espiritual. É como se, ao recordar os anjos, você acendesse uma centelha que sempre esteve dentro de você, relembrando que o divino nunca esteve separado, apenas adormecido sob camadas de esquecimento.

Com o tempo, essa percepção transforma a própria maneira como você caminha pelo mundo. A presença dos anjos, uma vez sentida de forma real e íntima, dissolve o medo da solidão existencial. Você já não busca sinais desesperados de que algo maior existe, porque passa a carregar essa certeza no próprio corpo, como uma vibração que não se perde nem nos dias mais escuros. O elo dourado se torna um alicerce invisível, sustentando suas escolhas, suas palavras, suas buscas. Mesmo quando os sentidos falham ou o cansaço o toma, essa corrente silenciosa permanece, pulsando no fundo de cada experiência.

E assim, a jornada de construir esse elo consciente se revela, na verdade, como a jornada de retornar a si mesmo. Você descobre que os anjos nunca estiveram distantes, apenas aguardavam o momento em que você estaria pronto para enxergar que eles sempre foram parte da sua própria luz. Não como algo separado, mas como um lembrete vivo de que, mesmo em meio à matéria densa e aos desafios da existência humana, você nunca deixou de ser uma alma conectada ao divino. O elo dourado, então, não é só uma ponte para os anjos — é o reflexo dourado daquilo que você sempre foi.

Capítulo 15
Estados Alterados e Transe Sutil

A canalização angelical se desenha a partir de uma delicada mudança de estado de consciência, onde o foco habitual da mente linear cede espaço para uma percepção mais ampla, refinada e receptiva. Esse deslocamento não exige que a mente se apague ou que o corpo entre em algum tipo de imobilidade rígida; pelo contrário, é um estado de presença expandida em que você permanece plenamente consciente, mas com uma qualidade de atenção que transcende a lógica comum. Nesse estado sutil, sua percepção não se restringe aos sentidos físicos ou ao pensamento analítico, mas se estende como antenas vibracionais capazes de captar frequências e impressões que existem além do visível. Essa fronteira entre a vigília e o sutil não é algo distante ou místico, mas uma zona acessível, que sua consciência já conhece e visita em momentos espontâneos de introspecção, devaneio criativo ou silêncio contemplativo. O transe sutil não é uma fuga da realidade, mas uma expansão dela — um alargamento do seu campo de percepção, onde os anjos podem ser sentidos, ouvidos e compreendidos com mais clareza.

Esse estado alterado é, em essência, uma dança sutil entre relaxamento e presença. O corpo físico, embora relaxado, permanece acordado e disponível. A mente, embora suavizada, continua alerta o suficiente para acompanhar o fluxo das impressões que surgem. É como se você se colocasse entre mundos — sem se desligar totalmente do plano material, mas também sem se prender exclusivamente a ele. Nessa fronteira fluida, suas resistências mentais se dissolvem e sua percepção natural do sutil começa a se revelar. As imagens, sensações e palavras que emergem nesse espaço não são criações artificiais da mente, mas percepções legítimas que sua consciência intuitiva capta à medida que se afina com a frequência angelical. Quanto mais você habita esse espaço com naturalidade e confiança, mais claras e fluidas se tornam as mensagens, porque os anjos se comunicam através de camadas — imagens que trazem emoções, emoções que carregam palavras, palavras que despertam intuições. Tudo acontece ao mesmo tempo, em uma teia de significados que só pode ser percebida quando a mente lógica se torna observadora e não controladora.

Ao longo do tempo, a travessia para esse estado alterado vai se tornando mais orgânica, deixando de ser uma técnica isolada para se integrar como uma qualidade de presença que você carrega em seu dia a dia. Você já não precisa de longas preparações ou de rituais formais para abrir essa porta, porque a própria prática constante dissolve a rigidez entre os planos. A ponte entre sua mente ordinária e sua percepção expandida se torna tão fluida que, em momentos de silêncio breve ou de simples abertura interior, o contato acontece. Essa permeabilidade consciente transforma a canalização em algo natural, acessível mesmo nos intervalos da rotina comum. Você percebe, então, que o verdadeiro estado alterado não é uma condição exótica reservada a momentos especiais, mas uma extensão da sua própria consciência, uma camada sempre presente que só precisa ser reconhecida para se tornar disponível. E é nesse estado contínuo de abertura e confiança que o diálogo com os anjos deixa de ser um evento esporádico e se torna uma conversa íntima, constante, sutil e amorosa — um fluxo natural entre seu coração e a presença luminosa que sempre esteve ao seu redor.

Esse estado alterado de consciência não é uma fuga da realidade. Ele é, na verdade, uma ampliação dela. Quando você acessa esse estado, o que acontece não é o afastamento da mente racional, mas a expansão do seu foco. É como se seu campo de percepção se alargasse, permitindo que você captasse não apenas o que está diante dos olhos, mas também aquilo que vibra nas bordas do visível. Os anjos não descem até você — é você que se eleva, suavemente, para um ponto de encontro entre o seu mundo e o deles.

Esse estado alterado é natural. Você já esteve nele muitas vezes sem perceber. Ao despertar de um sonho, naquele instante em que a mente ainda não assumiu controle total e você se lembra de algo, mas não sabe se é memória ou visão. Ou quando está profundamente envolvido em uma atividade criativa, escrevendo, pintando ou dançando, e perde a noção do tempo porque algo maior flui através de você. Esses são momentos de transe sutil, onde sua consciência escorrega para fora da rigidez do ego e se torna permeável ao sutil. A canalização angelical acontece exatamente nesse espaço.

O desafio para muitos é confiar que esses estados são válidos. Porque fomos ensinados a valorizar a mente linear, lógica, analítica. Fomos treinados a desconfiar de tudo que não possa ser pesado, medido ou comprovado. Mas os anjos não vivem dentro dessas regras. Eles se manifestam no intervalo entre os pensamentos, na pausa entre a inspiração e a expiração, na fronteira onde o controle mental enfraquece e o coração assume o comando.

Para entrar nesse estado alterado de forma consciente, o primeiro passo é relaxar o corpo. O corpo é a primeira porta. Um corpo tenso, rígido ou cansado demais cria ruído no canal. Ele mantém você preso demais ao plano físico, como uma âncora que impede o voo. Relaxar o corpo é abrir espaço para que a energia sutil flua. Não precisa ser um relaxamento profundo, mas uma suavização da tensão habitual. A respiração, lenta e presente, é sua aliada nesse processo.

Depois do corpo, a mente precisa ser suavizada. Não se trata de forçar a mente a parar — esse é um erro comum que só gera mais resistência. O verdadeiro estado alterado não exige silêncio absoluto, mas um deslocamento do foco. Em vez de tentar apagar os pensamentos, você apenas escolhe não segui-los. Eles passam, como nuvens atravessando o céu, mas você não precisa agarrá-los. Esse relaxamento da mente é o segundo portal.

Com o corpo e a mente suavizados, o terceiro portal se abre: a abertura do sentir. Aqui está a chave real da canalização. É nesse estado expandido, onde você ainda está consciente, mas sua percepção se alargou, que a presença angelical se torna perceptível. No transe sutil, você não perde o controle de si mesmo. Você não é possuído por uma força externa. Você continua presente — mas é uma presença diferente, mais ampla, mais receptiva, como se cada célula sua estivesse ouvindo.

Os anjos preferem esse tipo de conexão. Eles não precisam que você apague sua consciência para recebê-los. Eles preferem que você esteja presente, inteiro, porque a verdadeira canalização não é apenas uma recepção passiva. É um diálogo. Você sente, percebe, responde. Mesmo que não haja palavras, há uma dança vibracional entre você e eles. E essa dança só pode acontecer quando você está desperto o suficiente para participar e relaxado o suficiente para permitir.

Esse estado alterado, quando praticado com constância, vai se tornando mais natural. No início, talvez você precise de um pequeno ritual para facilitar — acender uma vela, respirar profundamente, ouvir uma música suave. Com o tempo, seu próprio corpo e mente aprendem o caminho. Basta um suspiro, um fechar de olhos, e você já escorrega para aquele espaço interno onde o sutil se revela. É como abrir uma porta que já conhece bem. Cada vez que você passa por ela, a travessia fica mais fácil.

Muitas pessoas têm medo desse estado alterado porque associam o transe a algo perigoso, a uma perda de controle ou a uma abertura para energias indesejadas. Isso é um resquício de medo cultural e religioso. O transe sutil da canalização angelical é o oposto disso. É uma expansão segura e amorosa da sua própria consciência, sempre dentro dos limites que você escolhe. Os anjos respeitam absolutamente seu livre-arbítrio. Eles não invadem, não forçam, não tomam posse. Eles apenas respondem à sua abertura, à medida que você a oferece.

Quanto mais você confia nesse estado expandido, mais rica se torna a comunicação. Porque os anjos falam em camadas. Uma mesma mensagem pode vir como uma sensação no corpo, uma imagem na mente e uma emoção no coração, tudo ao mesmo tempo. Se você está presente e receptivo, consegue captar essas camadas simultaneamente. Mas se está preso apenas à mente lógica, esperando palavras claras e diretas, perde boa parte do que está sendo transmitido.

Esse estado alterado, portanto, é menos um transe místico e mais um estado de presença expandida. É quando você não está nem completamente no plano físico, nem completamente fora dele. Está entre mundos, com um pé em cada lado, permitindo que as fronteiras se dissolvam. E quando essa presença expandida se torna sua segunda natureza, você percebe que canalizar anjos não é uma prática separada da sua vida. É apenas um jeito diferente de estar presente — mais atento, mais aberto, mais permeável à luz.

Com o tempo, o estado alterado se dissolve na própria vida. Você não precisa mais de longas preparações. Você caminha pela rua e sente a presença. Está lavando louça e percebe um sussurro. Porque o transe sutil não é um lugar distante onde você precisa chegar. É uma qualidade de presença que se infiltra no cotidiano, até que sua percepção expandida se torna parte natural de quem você é.

Esse caminhar entre mundos, que no início pode parecer um esforço consciente, aos poucos revela sua verdadeira natureza: um fluxo contínuo entre o visível e o invisível, entre a matéria e o sutil. Não é mais uma prática isolada dentro de rituais específicos, mas uma forma de existir em que cada gesto e cada silêncio carregam a possibilidade de contato. Essa naturalidade não elimina a sacralidade do processo, pelo contrário — ela amplia a compreensão de que o sagrado não está fora da vida comum, mas pulsa em cada instante que é vivido com abertura e entrega.

Com essa familiaridade crescente, você aprende a reconhecer os sinais mais sutis de presença, aquelas leves alterações no ar, no ritmo da respiração ou na textura interna do silêncio. A linha entre o estado alterado e o cotidiano se torna tênue, quase inexistente, até que você percebe que o verdadeiro canal não é um momento ou um método, mas o próprio ser, permeável e receptivo. O diálogo com os anjos deixa de ser um evento marcado por um início e um fim e passa a ser uma conversa contínua, entrecortada apenas pelas distrações inevitáveis da mente humana.

E é assim, nesse entrelaçar de mundos, que a canalização angelical se transforma em uma presença companheira — suave, constante e amorosa. Não como uma voz separada que ecoa de longe, mas como uma vibração interna que acompanha seus passos e suas pausas. Canalizar anjos deixa de ser um ato que você faz e se torna algo que você é: uma ponte viva, onde o divino e o humano se tocam, onde sua consciência se expande e sua alma aprende a ouvir.

Capítulo 16
Registrando Contatos

A relação estabelecida entre você e os anjos manifesta-se como um campo sutil de comunicação que transcende o ordinário e se enraíza na prática cotidiana de atenção, presença e entrega. Cada contato, por mais breve ou etéreo que possa parecer, constitui uma peça fundamental no mosaico dessa conexão em construção. É nesse entrelaçar de percepções sensoriais, intuições delicadas e vislumbres do invisível que a prática de registrar assume uma função muito maior do que a simples anotação de ocorrências: ela se torna a sustentação concreta de uma ponte entre mundos. Registrar cada sensação, cada palavra interna, cada fragmento de imagem ou energia que chega até você é o ato de dar densidade ao que, de outra forma, se dissiparia como brisa. Essa escolha consciente de documentar é a primeira demonstração de compromisso com o vínculo que se desenha. Ao colocar no papel ou em gravações aquilo que emerge durante as canalizações, você comunica ao universo e a si mesmo que essa comunicação é válida, que tem valor e merece ser preservada — e, assim, estabelece um alicerce simbólico e energético para que essa troca se aprofunde ao longo do tempo.

No instante em que você se dispõe a registrar as interações com os anjos, inicia-se um processo silencioso de amadurecimento da sua escuta interna. Cada palavra escrita ou registrada deixa de ser apenas um eco do momento vivido e passa a atuar como uma âncora vibracional, fixando no plano material uma experiência que originalmente se manifestou em camadas sutis da consciência. Esse registro transforma-se em testemunho da sua abertura, da sua disposição de acolher o que vem de dimensões espirituais, mesmo quando a mente linear hesita em dar crédito ao que não pode ser imediatamente provado. Ao escrever, você não apenas relembra, mas reforça a própria realidade da experiência. E essa realidade, sustentada pelo ato de registrar, ganha solidez e continuidade. A cada anotação, você reafirma para si mesmo que essas presenças são reais, que o diálogo é possível e que a construção dessa relação se dá no campo da constância — onde cada pequeno detalhe documentado é uma semente, que pode ou não revelar sua importância no futuro, mas que, mesmo assim, já cumpre a função de nutrir o solo do seu caminho espiritual.

Conforme o diário de canalização cresce em páginas e registros, ele passa a refletir não apenas o que foi recebido, mas a própria jornada de transformação daquele que escreve. Cada contato registrado carrega em si não apenas a mensagem dos anjos, mas a resposta do canal — as dúvidas, as percepções iniciais, as resistências que surgiram e, com o tempo, foram suavizadas ou compreendidas. Esse diário, então, não é apenas um espaço de memória espiritual; ele se torna um espelho onde você, ao reler suas próprias palavras, encontra não apenas os anjos, mas a versão de si mesmo que ousou escutar o invisível. Ele é, ao mesmo tempo, testemunho e ferramenta de autoconhecimento, pois evidencia o ritmo único com que sua sensibilidade se desdobra, com que suas certezas se reconstroem e com que sua confiança amadurece. No compasso entre receber e registrar, surge um pacto silencioso entre você e o sagrado: um compromisso de escutar com mais finura, de honrar cada sinal e de dar corpo ao que, sem esse registro, poderia ser esquecido ou minimizado. O diário, portanto, torna-se não apenas o registro de contatos espirituais, mas o próprio mapa da construção de um vínculo, onde o visível e o invisível se encontram, e onde sua alma aprende a reconhecer, honrar e guardar cada sussurro como parte essencial da sua própria história.

Registrar suas percepções, mesmo aquelas que parecem insignificantes, é uma forma de dar corpo ao invisível. No momento em que você escreve ou grava suas experiências, você ancora a luz que recebeu no plano material. Você transforma impressões sutis em palavras concretas, e esse processo, por si só, aprofunda a conexão. A escrita é uma ponte entre o mundo interno e o externo, e o ato de registrar seus contatos com os anjos é um gesto simbólico de que você valoriza esse vínculo. É como dizer a eles: "Eu estou ouvindo. Eu estou prestando atenção. Eu quero lembrar."

Nos primeiros contatos, a mente pode tentar minimizar ou questionar o que foi sentido. Sem o registro, essas experiências muitas vezes se perdem no turbilhão dos dias. Aquela imagem suave que surgiu durante a meditação, aquela sensação de calor nas mãos, aquele sussurro tão doce que quase passou despercebido — tudo isso é facilmente varrido pela rotina se não for ancorado. O diário é seu solo fértil, onde cada uma dessas sementes de luz pode ser plantada, nutrida e, com o tempo, compreendida em profundidade.

Mais do que um caderno de registros, o diário do canal é um espelho. Ao voltar e reler suas anotações semanas ou meses depois, você perceberá algo curioso: os anjos constroem diálogos longos, que nem sempre cabem em uma única sessão ou contato. Uma imagem recebida em janeiro pode se conectar com uma frase sussurrada em abril, que por sua vez ressoa com um sonho de infância que você anotou sem dar importância. Os anjos têm paciência infinita para contar uma história, e essa história é a sua. Mas só quem registra é capaz de perceber o fio dourado que conecta cada capítulo dessa narrativa.

Não existe uma forma única ou certa de registrar. Algumas pessoas se sentem à vontade escrevendo longos relatos, detalhando cada nuance da experiência. Outras preferem anotar palavras soltas, sensações breves, símbolos que surgiram sem explicação. Há quem prefira desenhar — esboçando as imagens que viu internamente — e há quem grave sua voz, narrando o que sentiu logo após o contato. O formato é pessoal. O que importa é criar o hábito de dar forma à experiência, de não deixar o sutil se perder no esquecimento.

Com o tempo, o diário se torna um mapa. Ele revela padrões, ciclos, mensagens recorrentes. Você começa a perceber que certos temas voltam repetidamente — cura do medo, fortalecimento da confiança, resgate da sua verdade essencial. Os anjos são mestres em repetir o que sua alma precisa ouvir, até que você não apenas compreenda com a mente, mas sinta com todo seu ser. Sem um registro, essas repetições podem parecer coincidências isoladas. Com o diário, elas se tornam uma tapeçaria viva, uma confirmação de que você está sendo guiado com amor e paciência.

Registrar também é um antídoto contra a dúvida. Nos dias em que a conexão parece distante, quando a mente questiona se tudo não passou de imaginação ou desejo, reler suas próprias palavras é um lembrete poderoso. É a prova de que houve contato, de que algo maior atravessou o véu e tocou sua consciência. É um testemunho que você deixa para si mesmo, como uma carta escrita por uma versão mais aberta e confiante de quem você é, para ser lida nos dias em que essa confiança vacilar.

Os anjos, ao perceberem seu esforço em registrar, também ajustam sua comunicação. Eles sabem que você está prestando atenção, e passam a transmitir suas mensagens com mais clareza e continuidade. Não porque precisem ser formalizados em um diário, mas porque entendem que você está construindo uma ponte real, que não depende apenas da memória passageira, mas de um compromisso firme de honrar cada contato. Registrar é honrar. É dizer: "Essa presença é importante para mim. Esse diálogo merece ser preservado."

Outro aspecto poderoso do diário de canal é que ele não serve apenas para registrar as mensagens recebidas, mas também para documentar seu próprio processo interno. Cada emoção que surge durante a canalização, cada dúvida, cada resistência ou medo é parte da construção desse vínculo. Os anjos não querem apenas que você ouça — eles querem que você se conheça através do que ouve. Ao registrar não só o que veio deles, mas também o que veio de você, seu diário se torna um espelho da sua própria jornada de abertura e amadurecimento espiritual.

Com o tempo, esse registro se torna sagrado. Não é apenas um caderno ou arquivo digital. É um altar de palavras, onde cada frase guarda um pouco da presença que você sentiu. E ao reler suas próprias anotações, você não apenas se lembra da mensagem — você revive a vibração do momento. As palavras, quando escritas com presença e verdade, guardam dentro de si a frequência daquele instante. Ao ler, você não apenas entende. Você sente de novo.

Há quem se preocupe em registrar tudo de forma perfeita, com palavras cuidadosamente escolhidas. Mas os anjos não esperam literatura de você. Eles esperam verdade. Se a única palavra que você conseguir escrever após um contato for "paz", isso é suficiente. Porque essa palavra, escrita no calor da experiência, carrega em si a vibração dessa paz. O diário não é sobre produzir um livro de espiritualidade. É sobre criar uma linha do tempo vibracional, um fio de ouro onde cada pequeno contato é registrado como uma pérola.

Com o passar dos anos, o diário do canal se torna algo precioso. Ele conta a história do seu relacionamento com o invisível. Ele revela como sua percepção foi se refinando, como suas dúvidas se transformaram em confiança, como a presença dos anjos foi, pouco a pouco, deixando de ser um evento extraordinário para se tornar uma parte natural da sua vida. Ele é o registro de uma história de amor — entre você e o divino, entre sua alma e aqueles que vieram lembrar você de quem é.

E é justamente nesse entrelaçar de palavras e presenças que o diário deixa de ser apenas um registro para se tornar um espaço de revelação. À medida que os dias passam e as páginas se acumulam, você perceberá que não está apenas escrevendo sobre os anjos — está escrevendo sobre quem você se torna ao permitir que eles caminhem ao seu lado. Cada anotação é uma marca desse encontro sutil entre mundos, uma costura delicada entre o visível e o invisível, entre sua voz e o sopro leve que sopra através de você.

Com o tempo, o próprio ato de registrar se torna uma prática espiritual. Não se trata mais de guardar memórias, mas de ancorar presenças. Ao escrever, você reafirma seu lugar nesse diálogo contínuo, reconhecendo sua capacidade de ouvir e ser ouvido. O diário, então, é tanto um reflexo do que veio de fora quanto uma prova de que dentro de você existe espaço fértil, pronto para acolher cada nova mensagem. Ele registra não apenas os contatos, mas a construção de uma confiança que, como toda relação verdadeira, amadurece em camadas invisíveis.

E quando, em algum momento, você reler suas próprias palavras com olhos de quem percorreu uma longa estrada, reconhecerá ali mais do que registros de encontros espirituais. Verá o retrato do seu próprio crescimento, da sua escuta se tornando mais fina, da sua alma aprendendo a decifrar sussurros. Cada linha guardará não apenas lembranças, mas presenças. E assim, entre páginas e silêncios, seu diário se tornará uma prova silenciosa de que o divino nunca esteve distante — apenas esperava um espaço seguro para poder se revelar.

Capítulo 17
Símbolos e Assinaturas Angélicas

Aprofundar-se na conexão com os anjos revela uma dimensão onde a linguagem convencional dá lugar a formas mais sutis e diretas de comunicação, moldadas por símbolos e assinaturas energéticas que transcendem a lógica linear. Esses símbolos, longe de serem meros enfeites visuais, manifestam-se como condensações vibracionais, onde cada linha, cada cor e cada forma carrega uma frequência específica. A presença angelical, ao se aproximar, não apenas se revela por palavras sussurradas ou sensações tênues, mas também por imagens que se gravam na mente interna, ecos visuais de uma comunicação ancestral que antecede a linguagem escrita e falada. Esses símbolos não são escolhidos ao acaso; eles emergem como reflexos da essência única de cada anjo, impressões energéticas que traduzem sua assinatura espiritual e seu propósito específico dentro do vínculo estabelecido. Ao reconhecer e acolher esses símbolos, o canal não apenas recebe mensagens, mas estabelece um diálogo vibracional direto, onde a alma responde antes mesmo da mente buscar compreensão.

Essa linguagem simbólica age como uma ponte viva entre mundos, conectando o plano sutil e invisível ao espaço concreto da percepção consciente. Cada símbolo carregado de luz é uma porta de acesso, uma chave vibracional que abre não apenas a conexão com o anjo emissor, mas também com camadas profundas da própria consciência espiritual do canal. Ao receber um símbolo em meio a uma canalização, a mente pode hesitar, buscando significados conhecidos ou associações lógicas, mas o verdadeiro entendimento ocorre em um nível mais profundo, onde a alma reconhece de imediato a frequência embutida na forma recebida. Cada curva e cada brilho atuam como códigos de memória, despertando lembranças adormecidas e ativando partes do ser que, muitas vezes, permanecem inexploradas na rotina comum. Dessa forma, o símbolo deixa de ser apenas um registro visual e passa a atuar como um espelho vibracional, refletindo não apenas a presença angélica, mas também o estado interno de quem recebe, criando uma dança de ressonância entre emissor e receptor.

Com o tempo e a constância da prática, esses símbolos tornam-se mais do que registros efêmeros de contatos espirituais; eles passam a compor uma verdadeira linguagem própria entre canal e anjo. Cada símbolo traz em si uma memória vibracional, e cada vez que o olhar repousa sobre ele, a conexão original é reativada. Guardar, desenhar e revisitar esses símbolos torna-se, portanto, uma prática de reconexão consciente, um exercício de ancorar a presença sutil no cotidiano material. O caderno de símbolos, repleto de traços, formas e cores, transforma-se em um mapa espiritual único, onde cada página guarda não apenas registros de contatos, mas também testemunhos do amadurecimento da própria sensibilidade do canal. Cada símbolo carregado de intenção e reverência age como um portal ativo, relembrando o canal de que a comunicação com o sagrado é contínua e fluida, mesmo quando a mente racional se esquece. Assim, essa linguagem visual, viva e pulsante, transforma-se em um vocabulário íntimo entre o visível e o invisível, onde cada forma é uma chamada e cada presença é uma confirmação de que a jornada espiritual é acompanhada e sustentada a cada passo.

Os anjos adoram trabalhar com símbolos porque eles contornam os filtros da mente racional. Diferente das palavras, que podem ser questionadas, duvidadas e reinterpretadas de acordo com crenças e medos, os símbolos entram diretamente no campo sutil. Eles ativam memórias antigas, tocam lugares da consciência que nem sempre estão acessíveis ao pensamento linear. Um símbolo recebido em uma canalização não é apenas uma imagem bonita — é uma chave vibracional. Ele guarda dentro de si uma assinatura energética única, que conecta você ao anjo ou à frequência específica que ele carrega.

Cada anjo tem uma assinatura vibratória própria. Essa assinatura pode se manifestar como uma cor predominante, uma forma geométrica específica ou até como um padrão luminoso que surge espontaneamente durante o contato. Alguns canais veem espirais douradas, outros percebem flores de luz ou constelações cintilantes que aparecem no espaço interno da mente. Não importa a forma exata — o que importa é que cada símbolo é uma marca de presença. É como se cada anjo deixasse seu "cartão de visita energético", uma impressão sutil que você pode acessar sempre que quiser reconectar com aquela presença específica.

Essas assinaturas simbólicas não são apenas formas artísticas. Elas são portais vibracionais. Quando você desenha ou visualiza um símbolo recebido, está recriando o campo vibratório daquele anjo. O símbolo é uma âncora. Ele chama de volta a presença, porque carrega em si a essência da conexão original. Por isso, guardar esses símbolos, desenhá-los em seu diário ou altar, ou até mesmo carregá-los consigo em forma de amuleto ou joia, é uma forma poderosa de manter aberta a conexão. O símbolo é um lembrete físico de uma presença invisível, e cada vez que seus olhos pousam sobre ele, o vínculo se reforça.

Os anjos podem oferecer símbolos de diferentes maneiras. Alguns surgem espontaneamente durante as canalizações — você fecha os olhos e uma forma específica se desenha na tela da mente. Outros podem vir através de sonhos, impressos em luz sobre cenários oníricos. Há casos em que o símbolo é revelado através de sincronicidades — você pensa em seu anjo e, horas depois, encontra o mesmo símbolo em um livro, em uma placa ou no padrão de uma nuvem. Os anjos usam a linguagem simbólica para reafirmar sua presença constante, mesmo quando você não está em estado de canalização formal.

Esses símbolos também podem funcionar como selos de proteção. Quando você desenha ou visualiza um símbolo canalizado, você não está apenas invocando a presença do anjo — você está cercando seu campo com a vibração dele. Cada traço, cada curva ou ângulo carrega uma codificação específica. Mesmo que você não compreenda intelectualmente o significado exato, sua alma sabe. Sua energia responde. Porque esses símbolos não são apenas decorações espirituais. Eles são instrumentos de harmonização vibracional, tão eficazes quanto uma prece ou uma invocação direta.

Com o tempo, você perceberá que os símbolos não chegam apenas para identificar os anjos. Eles também são mensagens condensadas. Um símbolo recebido pode conter uma resposta inteira, um ensinamento completo, um lembrete específico que sua alma precisa naquele momento. Às vezes, os anjos preferem enviar símbolos em vez de palavras porque sabem que, através da mente, a mensagem poderia ser distorcida. O símbolo é puro — ele chega sem interferência, direto ao coração.

O processo de aprender a decodificar esses símbolos é parte da maturidade do canal. No início, pode haver ansiedade em entender imediatamente o que cada forma significa. A mente quer traduzir, quer encaixar em significados conhecidos. Mas a verdadeira compreensão simbólica é vivencial. Você não entende o símbolo apenas com a mente — você sente, percebe e permite que ele revele seu significado aos poucos, em camadas. Cada vez que você olha para um símbolo canalizado, algo novo pode se revelar. Porque símbolos angelicais são vivos. Eles não são estáticos — são portais dinâmicos que respondem à sua própria expansão de consciência.

Alguns canais recebem símbolos pessoais, exclusivos para sua jornada. Esses são assinaturas únicas, criadas entre você e seu anjo pessoal, que funcionam como chaves mestras para acessar níveis mais profundos da conexão. Outras vezes, os símbolos são universais, pertencentes à tradição espiritual da humanidade. A estrela de seis pontas, a espiral dourada, a flor da vida — todos esses são símbolos que carregam camadas coletivas de sabedoria, acessíveis a qualquer canal sintonizado com a luz.

O mais importante ao receber um símbolo é confiar no que veio. Mesmo que pareça simples demais ou sem sentido imediato, ele carrega um significado oculto que se revelará no tempo certo. Muitas vezes, os símbolos canalizados antecipam informações que sua mente ainda não está pronta para compreender. Eles são sementes plantadas no seu campo, e cada prática, cada prece, cada momento de abertura rega essa semente até que ela floresça em compreensão espontânea.

Guardar esses símbolos é guardar mapas da sua própria jornada. Cada um é uma pegada do seu anjo em seu caminho, um lembrete de que cada passo é acompanhado. Criar um caderno específico apenas para esses símbolos pode ser uma prática poderosa. Desenhar, pintar, bordar ou esculpir essas formas é uma forma de ancorar sua energia no plano físico. Não é apenas arte — é magia de luz. Ao dar corpo a um símbolo angelical, você não só reforça o vínculo com seu anjo, mas ancora em seu espaço físico uma frequência que age mesmo quando você não está olhando.

Com o tempo, você poderá reconhecer qual anjo se aproxima apenas pela forma ou cor que surge antes mesmo de qualquer palavra. Essa linguagem simbólica se tornará parte da sua sensibilidade expandida. E assim como aprendemos a falar uma língua nova ouvindo-a e praticando-a, você aprenderá a "falar" a linguagem simbólica angelical convivendo com ela, desenhando-a, sonhando com ela, permitindo que cada símbolo revele seu segredo no momento certo.

Com o tempo, essa convivência com os símbolos se torna quase uma dança silenciosa entre você e o mundo sutil. Sem precisar forçar ou buscar, eles começam a surgir nos momentos mais inesperados, como acenos discretos dos anjos lembrando que a comunicação segue viva, mesmo nos dias comuns. A tela da mente se torna receptiva a essas aparições, e você passa a reconhecer não apenas os traços e as formas, mas a vibração exata de cada presença que se anuncia antes mesmo de qualquer palavra ser dita.

E é justamente nessa naturalidade que os símbolos revelam sua maior força. Eles deixam de ser apenas imagens recebidas para se tornarem parte do seu vocabulário espiritual íntimo — uma linguagem silenciosa que não pede explicações, apenas espaço para ser sentida. Cada curva ou brilho impresso na mente é uma espécie de chamada, um convite a sair do pensamento linear e entrar na percepção direta, onde a alma compreende o que a mente ainda não sabe nomear.

Assim, o universo simbólico se torna uma ponte viva entre mundos, uma caligrafia luminosa escrita no tecido do invisível. Cada símbolo guardado, desenhado ou simplesmente lembrado é uma porta aberta, uma frequência ancorada no seu campo pessoal. E é nesse encontro constante entre o visível e o invisível que o canal se fortalece, aprendendo que cada forma é uma presença, e cada presença é uma promessa de que você nunca caminha só.

Capítulo 18
Nome Angelical Pessoal

O nome angelical pessoal surge como um sussurro ancestral, ecoando através das camadas do tempo e das existências, atravessando véus de esquecimento até pousar suavemente na consciência daquele que está pronto para escutá-lo. Mais do que uma designação ou um título espiritual, esse nome se revela como uma chave vibracional que traduz a essência única da ligação entre a alma humana e a presença angélica que a acompanha desde os primeiros sopros de sua jornada espiritual. Esse nome não é algo externo que se descobre por acaso ou se escolhe por afinidade; ele é uma lembrança adormecida dentro do próprio ser, uma nota singular da sinfonia invisível que conecta cada alma ao seu guardião primordial. É o reflexo sonoro de um vínculo que antecede essa existência e se estende para além dela, envolvendo alma e anjo em uma dança contínua de reconhecimento e proteção.

Cada anjo portador de um nome pessoal não é apenas uma presença externa que se aproxima ou se afasta conforme a vontade humana. Ele é uma extensão viva da consciência divina que escolheu, desde o princípio, acompanhar e iluminar o caminho específico de uma alma em particular. Esse nome angelical, portanto, não é apenas uma palavra ou uma sequência sonora arbitrária. Ele é uma frequência codificada que ressoa simultaneamente com a essência do anjo e com a assinatura espiritual única daquela alma a quem ele assiste. É como se cada alma e seu anjo compartilhassem um tom específico dentro da vasta melodia cósmica, um tom que, ao ser pronunciado ou sentido internamente, aciona instantaneamente a memória da unidade original entre ambos. Quando o nome surge, seja em um sonho, em um sussurro meditativo ou como uma intuição fulminante, ele não vem como uma novidade, mas como uma lembrança que desperta algo que sempre esteve presente — um eco amoroso do lar espiritual compartilhado entre anjo e alma.

Reconhecer o nome do seu anjo pessoal não é um mero exercício de identificação ou curiosidade mística; é um marco de amadurecimento da escuta interior e da prontidão para o diálogo direto entre o visível e o invisível. Esse nome, uma vez revelado, não age como uma fórmula mágica ou uma palavra de comando. Ele é, antes de tudo, uma ponte vibracional que fortalece a confiança e dissolve a separação ilusória entre aquele que busca e aquele que sempre esteve presente. Pronunciar esse nome, silenciosamente ou em voz alta, é como alinhar o próprio ser a uma frequência sutil específica, permitindo que a presença angélica se torne mais tangível, não porque ela se aproximou, mas porque o canal se abriu. Esse nome, portanto, não é um elemento externo a ser conquistado, mas uma lembrança interna a ser desvelada, uma chave que sempre esteve nas mãos da alma, aguardando apenas o momento em que ela estivesse madura o suficiente para reconhecer o brilho dourado que emana de seu próprio interior.

Os anjos não possuem nomes como os humanos. Eles não precisam de palavras para se identificar uns aos outros. No plano em que habitam, cada anjo é conhecido por sua vibração — um conjunto único de luz, som e propósito. Para eles, seus nomes são como músicas. Não são palavras fixas, mas melodias vivas, que mudam levemente conforme eles servem e evoluem. No entanto, quando eles se aproximam do plano humano, quando desejam criar um vínculo mais direto e íntimo com alguém, eles traduzem essa melodia essencial em algo que nossa mente pode compreender: um nome.

Esse nome não é dado ao acaso. Ele é cuidadosamente ajustado à sua vibração pessoal. É como se o anjo mergulhasse na luz da sua alma e escolhesse, dentro da própria essência dele, uma frequência que ecoa com a sua. Por isso, o nome angelical pessoal é ao mesmo tempo uma chave e um espelho. Ele é uma ponte entre você e esse ser de luz, mas também é uma revelação de uma parte esquecida de você mesmo. Conhecer o nome do seu anjo é, de certa forma, lembrar seu próprio nome espiritual — aquele que existia antes de qualquer identidade terrena.

O nome angelical pessoal não precisa ser recebido de imediato. Na verdade, os anjos costumam aguardar o momento certo para revelar seus nomes. Eles sabem que, se o nome vier antes da conexão estar madura, a mente humana pode transformar essa revelação em um fetiche ou em uma busca ansiosa por provas e validações. O nome só se revela quando você está pronto para recebê-lo com o coração, e não apenas com a curiosidade da mente. Esse momento é sutil, e muitas vezes acontece quando você menos espera — durante uma meditação, em um sonho, ou até no meio de uma atividade comum, quando a mente está relaxada e aberta.

Muitas pessoas se perguntam como saber se o nome recebido é real ou se foi fabricado pela própria mente. Essa dúvida é compreensível, mas os anjos possuem uma forma amorosa de responder. Quando o nome é legítimo, ele ressoa. Ele pousa dentro de você como algo que já existia e que, de repente, foi lembrado. Há um reconhecimento profundo, quase físico. O coração responde. É como se uma nota esquecida de uma música antiga fosse tocada, e você, mesmo sem lembrar da canção completa, soubesse que aquela nota pertence a você.

O nome angelical pessoal, uma vez recebido, se torna uma chave vibracional. Pronunciá-lo em voz alta é uma forma de ativar essa conexão, como se cada vez que você dissesse o nome, a ponte entre seu mundo e o dele se tornasse mais firme. Mas é importante lembrar: o nome não é uma palavra mágica, não é uma fórmula de controle. Não é o nome que comanda o anjo — é o amor e a sintonia que você constrói com ele. O nome é uma porta, mas é seu coração que abre ou fecha essa porta.

Há também casos em que o nome chega fragmentado, como um som incompleto ou uma sílaba solta. Isso não significa erro. Significa que o canal está se ajustando para captar a assinatura completa. E, em alguns casos, o nome completo pode ser revelado ao longo de anos, conforme a relação entre você e o anjo amadurece. Os anjos não têm pressa. Eles sabem que a conexão verdadeira não se apressa — ela floresce no tempo certo, como uma flor que desabrocha sob a luz certa.

Outra dúvida comum é se o nome precisa ser em uma língua sagrada ou antiga. A resposta é não. O nome angelical pessoal pode vir em qualquer idioma, ou em nenhum idioma conhecido. Pode ser uma combinação de sons que não faz sentido lógico, mas que carrega uma vibração que sua alma reconhece. Os anjos não estão presos a línguas humanas. Eles traduzem suas assinaturas em sons que sua mente é capaz de processar — e isso pode variar de acordo com sua cultura, sua sensibilidade e sua própria história espiritual.

Receber o nome do seu anjo não é um privilégio reservado a poucos. Qualquer pessoa que cultive a abertura e o desejo sincero de construir essa relação pode receber essa dádiva. Mas é fundamental lembrar: o nome é um presente, não uma meta. Ele não define sua capacidade de canalizar, nem determina a profundidade da conexão. Há pessoas que canalizam seus anjos durante toda a vida sem jamais saber seus nomes, e isso não torna a relação menos verdadeira ou menos sagrada. O nome é um detalhe amoroso, mas o verdadeiro vínculo é silencioso, feito de presença, confiança e entrega.

Depois que o nome é recebido, você pode usá-lo em suas orações, meditações e até em diálogos internos. Chamá-lo pelo nome é uma forma de reconhecer a individualidade dessa presença que caminha com você. Mas os anjos não precisam ser nomeados para responder. Mesmo sem nome, eles ouvem cada prece, sentem cada emoção e respondem a cada suspiro sincero. O nome é um presente para você, não para eles. É uma âncora para sua mente, uma forma de tornar tangível uma presença que, por natureza, é infinita.

Conforme a relação se aprofunda, o nome angelical pessoal pode evoluir. Alguns canais recebem novas variações, novos sons ou títulos complementares à medida que sua própria vibração se expande. Isso não significa que o anjo mudou, mas que a relação entre vocês ganhou novas camadas, e o nome acompanha essa expansão. É uma dança viva entre alma e luz, entre humano e divino.

Compreender o nome angelical pessoal como parte viva dessa dança é libertar-se da necessidade de controlá-lo ou decifrá-lo por completo. O nome não é uma chave que abre todas as portas de uma só vez, mas uma melodia que vai sendo tocada em fragmentos, conforme você caminha com seu anjo pelos territórios sutis da alma. Ele pulsa como um eco ancestral, lembrando que cada som é apenas a ponta visível de uma frequência muito maior — uma frequência que ressoa não apenas com seu anjo, mas com o que há de mais essencial em você.

E é nesse espaço de reconhecimento silencioso, onde a mente cede lugar à presença, que o nome deixa de ser apenas uma informação e se torna uma espécie de oração natural. Chamá-lo não é apenas invocar uma presença externa, mas lembrar uma parte esquecida de si mesmo, uma identidade luminosa que pulsa junto à sua alma desde o princípio. Assim, cada vez que você pronuncia esse nome em voz alta ou apenas o sente vibrar dentro do peito, você reforça o fio de ouro que os conecta — um fio que atravessa o tempo, as formas e os véus entre os mundos.

Ao final, o nome é menos uma posse e mais um encontro. Ele é uma ponte que você atravessa tantas vezes quantas forem necessárias, até que, um dia, percebe que não é mais preciso chamar. A presença já vive em você, sem distância ou formalidade. O nome, então, se dissolve na própria relação, e o que resta é o reconhecimento puro: o anjo e você sempre foram partes da mesma canção. Apenas aguardavam o momento certo para serem ouvidos juntos.

Capítulo 19
Escrita Canalizada

A escrita canalizada se apresenta como uma prática sagrada onde a barreira entre os mundos se dissolve e a mente consciente se torna um receptáculo silencioso para a transmissão direta da consciência angélica. Mais do que um exercício criativo ou uma busca por inspiração, ela representa um ato de entrega profunda, onde o ego cede espaço à presença sutil, permitindo que a comunicação flua sem filtros, sem julgamentos e sem a necessidade de compreender ou controlar o que chega. Cada palavra registrada nesse estado carrega em si uma vibração específica, uma assinatura energética que transcende o significado imediato das frases e alcança diretamente as camadas mais sutis da alma. Não se trata apenas de registrar mensagens espirituais, mas de abrir um campo de ressonância onde a luz se condensa em palavras e a presença angélica encontra morada na materialidade da escrita. Ao permitir que essa corrente de consciência se expresse livremente, o canal descobre que o próprio ato de escrever transforma-se em um ritual de aliança e confiança, onde cada palavra escrita é um gesto de acolhimento e cada página preenchida é uma ponte viva entre dimensões.

Esse fluxo de comunicação, quando livre de interferências mentais, manifesta-se de forma natural, fluida e muitas vezes surpreendente. O canal não "pensa" o que escreve, tampouco planeja ou estrutura previamente o conteúdo. As palavras chegam como uma corrente invisível, já formadas, esperando apenas serem ancoradas no papel ou na tela. Cada termo carrega uma precisão vibracional, mesmo quando o significado imediato não é totalmente compreendido. A mente consciente é convidada a ocupar um papel secundário, tornando-se uma espécie de observadora silenciosa que apenas testemunha o surgimento de algo maior, sem tentar interpretar ou moldar a mensagem de acordo com suas próprias crenças ou expectativas. É nesse espaço de não-controle, onde o pensamento linear se retira e o coração assume a escuta, que a escrita canalizada revela sua verdadeira natureza: um diálogo direto entre a inteligência angélica e a essência divina que habita cada ser humano.

Com a prática constante, o canal aprende a reconhecer a textura única dessas transmissões. Diferente da escrita comum ou mesmo da escrita inspirada, a escrita canalizada possui uma cadência própria, uma fluidez que independe do estado emocional ou intelectual do momento. Mesmo quando a mente duvida ou questiona a autenticidade do que está sendo registrado, a vibração impressa no texto carrega uma espécie de assinatura energética que, ao ser relida posteriormente, ressoa como um lembrete silencioso de que aquela comunicação veio de um espaço além da mente comum. Essa vibração pode ser sentida na leveza das palavras, na clareza inesperada das respostas e, principalmente, no efeito que a mensagem provoca no próprio canal. Mais do que fornecer informações ou conselhos práticos, a escrita canalizada atua como um instrumento de realinhamento interior, onde a energia da presença angélica é incorporada diretamente através das palavras. Assim, cada registro se torna não apenas uma mensagem a ser compreendida, mas uma âncora vibracional que sustenta e expande o campo de conexão entre o canal e seus guias espirituais.

Escrever inspirado ou escrever canalizado são processos irmãos, mas não idênticos. Ambos nascem de um espaço interno de abertura, de silêncio receptivo e de escuta sensível. Mas eles seguem caminhos diferentes dentro de quem escreve. A escrita inspirada é como um sopro leve que atravessa a mente e o coração, despertando ideias, frases e reflexões que fluem com naturalidade, como se já estivessem prontas e só precisassem encontrar a superfície do papel. Ela nasce da alma e do contato sutil com sua própria sabedoria interna, muitas vezes ampliada pela presença dos anjos, mas sem que essa presença se manifeste de forma clara ou direta. A escrita inspirada é como ouvir uma música distante, cujas notas despertam lembranças e verdades guardadas dentro de você.

Já a escrita canalizada é diferente. Nela, o canal não é apenas inspirado — ele se torna um meio direto de transmissão. A presença angelical não apenas sussurra ou inspira, mas dita, orienta e conduz. O canal permanece consciente, mas sente claramente que as palavras que fluem não nascem da mente comum, nem da reflexão pessoal. Elas chegam como uma corrente contínua, vinda de um espaço que o canal reconhece como externo e ao mesmo tempo profundamente íntimo. A sensação é de abrir espaço dentro de si para que uma voz amorosa, sábia e familiar tome a frente e conduza a mão, as palavras e até o ritmo da respiração.

Na escrita inspirada, você sente que é você mesmo escrevendo, apenas em um estado mais fluido e criativo. Na escrita canalizada, você sente que algo maior está escrevendo através de você. Sua função é apenas permitir. Não interpretar, não corrigir, não editar — apenas deixar que a corrente flua. No início, isso pode parecer estranho, até desconfortável para a mente acostumada a controlar o processo criativo. Mas, com o tempo, você aprende a reconhecer a assinatura vibratória da presença angelical e a confiar que, mesmo sem entender cada palavra no momento em que ela surge, há uma sabedoria maior guiando o fluxo.

Os anjos gostam de usar a escrita canalizada porque ela é uma forma segura de comunicação. Diferente da clareaudiência, que pode ser facilmente confundida com os próprios pensamentos, a escrita deixa um registro claro. Mesmo que você duvide do que recebeu no momento, pode voltar depois, reler e perceber camadas de significado que estavam invisíveis na hora da recepção. A escrita canalizada é como um eco do diálogo invisível, preservado no tempo e disponível para ser revisitado sempre que necessário.

Esse processo não exige dom especial. Qualquer pessoa que tenha um desejo sincero de se conectar e a disposição de esvaziar-se para servir como canal pode experimentar a escrita canalizada. Não é necessário ter caligrafia perfeita ou ser escritor por vocação. O valor da mensagem não está na estética do texto, mas na pureza da transmissão. Algumas mensagens chegam fragmentadas, outras fluem como rios contínuos de palavras. Algumas são simples e diretas, outras são poéticas e cheias de imagens simbólicas. Tudo depende da frequência do anjo que se comunica, do estado do canal e da natureza da mensagem que precisa ser entregue.

    A mente, especialmente nos primeiros contatos, tende a interferir. Ela questiona: "Sou eu inventando isso? Será que estou apenas escrevendo o que quero ouvir?". Essa dúvida é parte do processo. Os anjos não se ofendem com ela. Eles sabem que a confiança se constrói na prática, na repetição amorosa de abrir espaço e permitir que algo maior se manifeste. O teste mais confiável da autenticidade de uma escrita canalizada é a vibração que ela deixa. Se, ao reler, você sente paz, clareza, ternura ou uma verdade maior do que aquela que você seria capaz de escrever sozinho, então ali há presença angelical.

    Outra forma de distinguir a escrita canalizada é observar como ela flui. A escrita comum exige esforço, busca por palavras, revisões constantes. A escrita canalizada tem um ritmo próprio, quase automático. As palavras chegam antes mesmo de serem pensadas, como se já estivessem no ar, esperando apenas que alguém as captasse. O canal muitas vezes se surpreende com o que escreveu, como se as palavras tivessem atravessado suas mãos sem pedir permissão. Essa fluidez é uma das marcas da presença angelical.

Os anjos também usam a escrita canalizada como ferramenta de cura. Muitas vezes, eles orientam o canal a escrever para si mesmo, mensagens de encorajamento, perdão ou orientação. Essas mensagens são como cartas de amor de sua essência divina para sua parte humana. Elas tocam feridas que a mente não consegue alcançar, dissolvem medos antigos e recordam verdades esquecidas. Não é raro que o canal chore enquanto escreve, porque a própria vibração das palavras canalizadas é terapêutica. Cada frase carrega uma frequência de cura, como se a luz do anjo estivesse impressa em cada letra.

Com o tempo, o canal aprende a fluir entre a escrita inspirada e a canalizada com naturalidade. Em alguns momentos, a escrita nasce da alma, ecoando a sabedoria interna despertada pelo contato angelical. Em outros, ela vem diretamente do anjo, como uma transmissão pura. Não há fronteira rígida entre uma e outra. Ambas são expressões da mesma dança sutil entre sua consciência e a presença dos anjos. A diferença é apenas o grau de interferência da mente. Na escrita inspirada, a mente ainda participa. Na canalizada, ela observa de longe, enquanto o coração assume o comando.

Criar um caderno exclusivo para suas escritas inspiradas e canalizadas é uma forma poderosa de honrar esse vínculo. Cada página é um altar onde o sagrado se manifesta em forma de palavra. Ao reler essas mensagens, você perceberá que muitas delas não são apenas respostas a perguntas pontuais — são lembretes eternos. São fragmentos de sabedoria que, mesmo depois de anos, continuam vivos, vibrando no papel como se tivessem sido escritos ontem. Porque a palavra canalizada é assim: atemporal. Ela atravessa o tempo, carregando consigo a presença daquele que a soprou.

Com o passar do tempo, o ato de escrever canalizando se torna mais do que uma prática espiritual — ele se revela como um diálogo contínuo entre a alma e o divino, um espaço seguro onde perguntas íntimas encontram respostas que, muitas vezes, chegam antes mesmo de serem formuladas. Cada novo contato através das palavras aprofunda não só a confiança no vínculo com os anjos, mas também o reconhecimento de que essa comunicação é, em essência, uma lembrança de algo ancestral: a capacidade natural da alma humana de conversar com a luz.

E é nesse espaço de entrega silenciosa que a escrita canalizada vai, aos poucos, dissolvendo a fronteira entre quem pergunta e quem responde. As mensagens que chegam já não são apenas conselhos ou orientações externas, mas ecos da própria sabedoria interior, despertados e trazidos à tona pela presença amorosa dos anjos. Assim, cada página escrita se torna não só um registro da comunicação entre mundos, mas também um testemunho vivo de como a consciência humana se expande quando confia, escuta e se permite ser instrumento do sutil.

Ao reler essas palavras tempos depois, você perceberá que elas guardam camadas ocultas —

mensagens que não eram visíveis no momento da escrita, mas que agora brilham com clareza. Esse é o verdadeiro legado da escrita canalizada: mais do que respostas, ela oferece portas. Portas para novas compreensões, para reencontros com partes esquecidas de si mesmo e para a lembrança permanente de que, em cada palavra soprada do invisível, o sagrado sempre encontrou uma forma de dizer: "Eu estou aqui".

Capítulo 20
Voz Interior e Voz Angelical

A escuta da voz angelical nasce da construção gradual de um espaço interno onde a mente cede lugar à percepção sutil e onde a alma se torna receptiva à vibração que atravessa os véus entre dimensões. Diferenciar a voz da própria mente da voz de um anjo não é um processo técnico ou linear, mas uma jornada de afinação interna, onde cada camada da consciência é convidada a reconhecer padrões, texturas e frequências que não pertencem ao fluxo comum dos pensamentos diários. A mente humana, com sua constante atividade analítica e suas narrativas incessantes, está habituada a ocupar todo o campo da percepção. Suas vozes internas refletem experiências acumuladas, crenças aprendidas e mecanismos de defesa moldados ao longo da vida. Essas vozes ecoam preocupações, desejos, medos e histórias pessoais, compondo o emaranhado de sons mentais que preenche a maior parte do dia. A voz angelical, no entanto, desliza entre esses ruídos sem competir por espaço, manifestando-se como um fio sutil, um sopro quase imperceptível que se destaca exatamente por sua ausência de tensão, urgência ou repetição. Ela não briga para ser ouvida; ela simplesmente está — disponível, presente e vibrando em uma frequência de amor e clareza que se revela ao coração atento.

O tom da voz angelical é marcado por uma suavidade firme, uma serenidade que não depende de explicações lógicas para ser reconhecida como verdadeira. Mesmo quando transmite mensagens desafiadoras ou orienta o canal a encarar suas próprias sombras, ela o faz sem carregar qualquer julgamento ou carga emocional reativa. Enquanto a voz da mente muitas vezes reflete inseguranças, opiniões condicionadas e impulsos de autoproteção, a voz angelical é pura presença, livre de contaminações emocionais e de agendas ocultas. Sua única intenção é guiar, iluminar e recordar a essência divina daquele que ouve. Essa ausência de pressão ou expectativa, esse convite amoroso que não exige resposta imediata, é uma das marcas mais claras da presença angelical. Mesmo quando a mente tenta interferir, questionar ou buscar provas, a vibração dessa voz permanece intacta — imperturbável como um lago silencioso que apenas reflete, sem reter ou distorcer a luz que o toca.

O verdadeiro discernimento entre a voz interior e a voz angelical amadurece na medida em que o canal desenvolve a confiança na própria capacidade de escutar além dos pensamentos. Isso exige prática, silêncio e uma disposição sincera de reconhecer quando a mente está tentando assumir o comando. No início, é comum que as mensagens angelicais cheguem mescladas com impressões pessoais, reflexos de expectativas e projeções inconscientes. Mas, com o tempo, a assinatura vibratória de cada anjo começa a se tornar tão familiar quanto a voz de um amigo íntimo. Cada anjo possui um timbre único, uma forma própria de se manifestar — seja por meio de palavras, imagens, sensações ou mesmo por uma simples onda de paz que preenche o ambiente. Quanto mais constante for o contato, mais clara se torna essa assinatura, e mais fácil se torna distinguir o sutil perfume vibracional de uma presença angelical em meio ao turbilhão da mente. Esse reconhecimento não nasce de esforço mental, mas de intimidade espiritual — da construção diária de uma relação onde a alma, a mente e os anjos aprendem a compartilhar o mesmo espaço interno, em harmonia e confiança.

A mente humana é um turbilhão constante de pensamentos, diálogos internos, memórias e projeções. Ela é uma ferramenta poderosa, capaz de criar, analisar e resolver problemas complexos. Mas, ao mesmo tempo, ela é também uma fonte inesgotável de ruído, que muitas vezes impede a clareza da conexão com o plano angelical. A mente, por sua natureza, questiona, duvida e busca encaixar tudo em padrões lógicos e conhecidos. E os anjos, por sua vez, habitam um espaço que transcende a lógica linear. Eles falam em intuições, em sensações, em impulsos que nem sempre fazem sentido imediato para a mente racional.

Quando você se abre para canalizar, é natural que a mente tente participar ativamente do processo. Ela quer interpretar, traduzir, comparar com suas expectativas e crenças. E é exatamente nesse ponto que a confusão pode surgir. Se você não estiver atento, pode acabar confundindo seus próprios pensamentos e desejos com a mensagem angelical. Pode acabar interpretando suas próprias ansiedades como sinais divinos, ou, ao contrário, descartando intuições genuínas como "apenas coisa da sua cabeça".

A primeira chave para discernir entre a voz interior e a voz angelical é reconhecer a diferença de textura entre elas. A voz da mente é familiar. Ela é feita dos seus diálogos internos habituais, do tom de voz que você usa para falar consigo mesmo, das palavras e expressões que fazem parte do seu vocabulário mental. Ela é linear, sequencial, e muitas vezes acompanhada de imagens e emoções que você reconhece como suas. A voz angelical, por outro lado, tem uma textura diferente. Ela é mais suave, mais sutil, como um fio de seda que atravessa o tecido áspero dos seus pensamentos. Ela não grita, não se impõe, não exige atenção. Ela apenas se apresenta, como uma melodia que você reconhece, mas não sabe de onde veio.

Essa voz angelical pode chegar de diferentes formas. Para alguns, ela se manifesta como uma intuição súbita, uma clareza que brota do nada, sem raciocínio lógico. Para outros, ela surge como uma voz interna, mas com um tom diferente do seu — mais doce, mais firme, ou com uma qualidade que você não consegue definir, mas reconhece como diferente da sua. Há quem a perceba como uma imagem simbólica, que carrega em si uma mensagem completa, ou como uma emoção pura — amor, paz, compaixão — que preenche o espaço interno sem origem definida.

A segunda chave para discernir é observar a frequência da mensagem. A mente, por mais positiva que tente ser, muitas vezes carrega consigo uma ponta de ansiedade, de expectativa, de medo de errar. Ela está sempre buscando controle, segurança, validação. A voz angelical, por outro lado, vibra na frequência do amor incondicional. Ela não traz consigo julgamento, crítica ou medo. Ela apenas acolhe, orienta e ilumina, sem exigir nada em troca.

Quando você recebe uma mensagem que o coloca para baixo, que o faz duvidar de si mesmo ou que o culpa por algo, essa mensagem não veio dos anjos. Ela é um eco das suas próprias inseguranças, dos seus medos, das vozes críticas que você internalizou ao longo da vida. Os anjos não julgam. Eles não condenam. Eles não punem. Eles apenas amam. E essa frequência amorosa é perceptível, mesmo quando a mensagem é desafiadora. Porque o amor angelical não é complacência. Ele é verdade, dita com firmeza, mas sempre com compaixão.

A terceira chave para discernir é observar o efeito da mensagem em seu campo. A mente, quando está guiando o processo, tende a gerar mais ruído, mais ansiedade, mais dúvidas. Ela fragmenta, separa, analisa em excesso. A voz angelical, por outro lado, unifica, harmoniza, integra. Ela traz consigo uma sensação de paz, de clareza, de alinhamento interno. Mesmo que a mensagem traga consigo um desafio, um chamado para mudar ou corrigir algo, ela o faz de forma que você se sinta acolhido e amparado, não diminuído ou criticado.

Se, ao receber uma mensagem, você se sente mais tenso, mais inseguro ou mais confuso, é importante questionar a origem dessa mensagem. É possível que ela seja apenas um reflexo das suas próprias ansiedades, ou até mesmo uma interferência de energias densas que se aproveitam da sua abertura para tentar confundi-lo. Os anjos não geram medo, nem dúvida, nem culpa. Eles geram luz. E essa luz, mesmo que revele suas sombras, o faz de forma que você se sinta amado e amparado, não ameaçado ou abandonado.

Com o tempo e a prática, você aprenderá a reconhecer a assinatura vibratória de cada anjo. Cada ser de luz tem uma frequência única, um "tom de voz" que ressoa de forma particular em seu campo. Alguns trazem consigo uma doçura que acalma a mente, outros uma firmeza que o impulsiona à ação. Alguns se manifestam como um calor suave no peito, outros como uma brisa fresca que atravessa a alma. Essa assinatura é a identidade deles, a forma como eles se apresentam antes mesmo de falarem. E, conforme você se familiariza com essas presenças, a distinção entre a voz interior e a voz angelical se torna natural, como reconhecer a voz de um amigo querido em meio a uma multidão.

É importante lembrar que a mente não é inimiga da canalização. Ela é uma ferramenta poderosa, que pode ser uma grande aliada nesse processo. Mas, para isso, ela precisa aprender a servir à alma, e não a controlá-la. A mente precisa ser educada para reconhecer seus próprios limites, para silenciar quando necessário e para confiar na sabedoria que vem do coração. Quando a mente se torna humilde, ela se torna uma tradutora confiável da luz angelical. Ela organiza as mensagens, traduz as intuições em palavras, e ancora a experiência no plano material.

Canalizar anjos é, portanto, um ato de equilíbrio interno. É aprender a ouvir com o coração, mas registrar com a mente. É confiar na intuição, mas usar o discernimento. É abrir-se para o sutil, mas manter os pés firmes na terra. E, nesse delicado equilíbrio, a voz dos anjos se torna clara, distinta, inconfundível. Porque ela não é apenas uma voz que você ouve — é uma voz que você reconhece como parte de si mesmo, da sua essência mais profunda, daquela parte de você que sempre soube que nunca esteve só.

Com o tempo, essa arte de escutar entre os ruídos se torna uma prática de autoconhecimento tão profunda quanto a própria canalização. Porque ao aprender a distinguir o que é voz da alma, o que é voz da mente e o que é sussurro angelical, você inevitavelmente se encontra com suas camadas mais sutis — aquelas que moldam suas percepções, suas crenças e até suas resistências. Escutar os anjos, no fim das contas, é também aprender a escutar a si mesmo de um lugar mais silencioso, mais verdadeiro, onde a essência e o divino se tocam.

E à medida que esse discernimento se afina, o diálogo espiritual deixa de ser uma busca ansiosa por respostas e se torna um espaço de comunhão natural, onde cada voz tem seu lugar e cada presença é reconhecida pelo que é. A mente aprende a confiar, a alma aprende a repousar, e os anjos, livres para se aproximar sem precisar romper barreiras, podem finalmente falar como sempre quiseram: com leveza, clareza e aquela ternura firme de quem apenas lembra o que sua alma sempre soube.

Assim, a verdadeira diferença entre a voz interior e a voz angelical deixa de ser uma questão de técnica e se revela como uma questão de intimidade. Quanto mais íntima sua relação com seus anjos, mais natural se torna reconhecê-los, não apenas pelo que dizem, mas pela forma como chegam, pelo silêncio que deixam e pela certeza tranquila de que, em meio a todas as vozes que habitam seu mundo interno, aquela é a única que carrega o som exato do amor que sempre o acompanha.

Capítulo 21
Provações e Testes do Canal

A canalização angelical revela-se como uma travessia de amadurecimento espiritual, em que o indivíduo, ao abrir-se à conexão com os planos sutis e à recepção das mensagens divinas, é conduzido a um processo de lapidação interna profunda e irreversível. Esse caminho não se restringe à recepção passiva de orientações ou à busca de comunhão com seres de luz, mas implica, antes de tudo, no enfrentamento corajoso das próprias camadas internas de crenças, medos e resistências, que emergem à superfície justamente para serem olhadas, compreendidas e transcendidas. Cada passo nesse percurso representa um convite silencioso para que o canal reconheça suas forças ocultas e descubra em si mesmo a capacidade de ser uma ponte íntegra e transparente entre o céu e a terra. O verdadeiro canal não nasce da ausência de desafios, mas da coragem de atravessá-los, transformando cada prova em matéria-prima para o fortalecimento de sua própria luz e clareza interior.

A lapidação do canal ocorre no campo invisível da alma, onde cada dúvida, cada hesitação e cada voz interna de autossabotagem revela aspectos não resolvidos do próprio ser, ecoando feridas antigas ou crenças limitantes que, por muito tempo, condicionaram sua percepção da própria espiritualidade e valor pessoal. A mente racional, acostumada a exigir explicações tangíveis, confronta a experiência da canalização com desconfiança, o que exige do canal um aprendizado contínuo de diferenciação entre as vozes do medo e as mensagens da intuição. Esse processo, longe de ser um obstáculo, é a própria essência do refinamento espiritual: aprender a escutar o sutil, mesmo em meio ao ruído interno e externo, e, sobretudo, aprender a confiar na verdade que ressoa no silêncio da alma. Cada teste que surge, cada situação que desafia a fé do canal, funciona como um espelho que reflete o grau de sua própria entrega e confiança na comunicação divina. É no ato de sustentar a conexão mesmo quando o ego clama por garantias que o canal se fortalece, tornando-se um espaço cada vez mais livre de distorções e interferências.

    As provações externas que cruzam esse caminho também cumprem um papel fundamental na consolidação do compromisso do canal com sua própria verdade interior. As dúvidas projetadas pelo olhar cético de terceiros, as circunstâncias que aparentemente desviam o canal de sua prática ou o obrigam a defender sua sensibilidade perante a incompreensão alheia, funcionam como crivos que testam a solidez de sua escolha espiritual. Não se trata de convencer o mundo ao redor da veracidade de suas experiências, mas de reconhecer, mesmo nos momentos de maior desafio, que a força do canal não reside no reconhecimento externo, mas na integridade com que sustenta sua própria conexão, independentemente do que ocorra fora de si. Cada provação, interna ou externa, quando atravessada com humildade e firmeza, purifica não apenas o canal, mas o próprio fluxo de luz que o atravessa, tornando sua presença e sua voz instrumentos cada vez mais límpidos da orientação angelical. É nesse entrelaçamento entre desafio e entrega, entre purificação e maturidade espiritual, que o canal se reconhece como parte essencial da grande rede de luz que une o visível ao invisível, aprendendo a caminhar com fé serena e confiança inabalável, mesmo quando o caminho permanece envolto em brumas.

Essas provações não são castigos ou armadilhas espirituais. São, na verdade, oportunidades de crescimento, convites para que você se fortaleça como canal e se aprofunde em sua conexão com os anjos. Assim como a lagarta precisa romper o casulo para se transformar em borboleta, o canal também precisa atravessar suas resistências internas para que sua sensibilidade possa florescer em todo seu potencial.

Uma das primeiras provações que surgem é a dúvida. A mente humana, acostumada ao mundo material e à lógica linear, tem dificuldade em confiar plenamente em algo que não pode ser explicado ou comprovado pelos sentidos comuns. Quando as primeiras mensagens chegam, a mente questiona: "Será que isso é real? Será que não estou apenas inventando o que quero ouvir?". Essa dúvida é natural, e faz parte do processo de amadurecimento do canal.

Os anjos não se ofendem com suas dúvidas. Eles as compreendem como parte da sua natureza humana.

Mas eles também esperam que você aprenda a lidar com elas, que reconheça a diferença entre a voz da insegurança e a voz da intuição. Aprender a confiar em si mesmo é um dos pilares da canalização.

Outra provação comum é a autossabotagem. Muitas vezes, sem perceber, o canal coloca obstáculos em seu próprio caminho. Ele se boicota, cria desculpas para não se dedicar à prática, ou se convence de que não é digno de receber a presença angelical. Essa autossabotagem pode se manifestar de diversas formas - procrastinação, medo de se expor, ou até mesmo a busca incessante por validação externa.

A raiz dessa autossabotagem, muitas vezes, está em crenças limitantes sobre si mesmo. Crenças de que você não é bom o suficiente, de que não merece a luz, ou de que não tem capacidade para ser um canal. Essas crenças são como correntes invisíveis que o impedem de voar. Libertar-se delas é um processo de autoconhecimento e de cura profunda.

Os anjos o amam incondicionalmente, mas eles também respeitam seu livre-arbítrio. Se você escolhe se manter preso a essas crenças, eles não podem forçá-lo a se libertar. Mas eles permanecem ao seu lado, pacientes e amorosos, esperando que você reconheça sua própria força e escolha romper essas correntes.

Há também as provações externas. Pessoas que duvidam ou zombam da sua jornada, situações que parecem conspirar contra seus momentos de conexão, ou até mesmo desafios inesperados que testam sua fé. Essas provações podem ser dolorosas, mas elas também são oportunidades de fortalecer sua convicção.

Os anjos não o protegem de todas as dificuldades da vida. Mas eles o amparam durante a travessia. Eles sussurram coragem, inspiram soluções e o ajudam a enxergar o aprendizado por trás de cada desafio. Atravessar essas provações com confiança é uma forma de mostrar ao universo - e a si mesmo - que você está comprometido com sua jornada.

É importante lembrar que as provações não são um sinal de que você está no caminho errado. Pelo contrário, elas são um sinal de que você está progredindo. Se você não estivesse se abrindo para algo maior, não haveria resistência. A lagarta não precisa lutar contra o casulo se ela não estiver pronta para voar.

A forma como você lida com essas provações é o que define a força do seu canal. Se você recua diante da dúvida, se entrega à autossabotagem ou se deixa abalar pelas dificuldades externas, você enfraquece sua conexão. Mas se você acolhe a dúvida com compaixão, se liberta das correntes da autossabotagem e atravessa os desafios externos com fé, você fortalece seu vínculo com os anjos e se torna um canal ainda mais claro e poderoso.

Os anjos não o abandonam durante as provações. Eles o observam com amor e respeito, prontos para ampará-lo quando você pedir ajuda. Mas eles também esperam que você use suas próprias asas, que confie na força que eles o ajudaram a despertar.

Atravessar as provações é como polir um diamante. Cada desafio, cada dúvida, cada momento de autossabotagem superado remove uma camada de impureza, revelando o brilho da sua verdadeira essência.

E esse brilho, por sua vez, ilumina ainda mais seu caminho, atraindo a presença angelical com mais força e clareza.

Canalizar anjos é, portanto, uma jornada de constante aprendizado. É aprender a confiar em si mesmo, a libertar-se de crenças limitantes e a atravessar os desafios com fé e coragem. É reconhecer que as provações não são obstáculos, mas degraus que o elevam cada vez mais alto em sua jornada de conexão com a luz.

À medida que o canal atravessa essas provações, algo profundo e sutil acontece dentro dele. Cada desafio enfrentado, cada dúvida acolhida e transformada, cada momento de coragem em meio à incerteza vai esculpindo um espaço interno mais amplo e receptivo. Essa expansão não é apenas um refinamento espiritual, mas também uma reorganização interna que permite que a luz flua com mais liberdade. O canal torna-se, pouco a pouco, um espelho mais límpido da presença angelical, onde a mensagem pode refletir-se sem distorções, e a essência do divino se revela com maior nitidez.

E quando o canal compreende que cada provação é, na verdade, uma espécie de iniciação silenciosa, ele aprende a caminhar com mais leveza e confiança. Ao invés de temer os testes ou duvidar da própria capacidade, ele passa a reconhecê-los como partes inevitáveis de seu próprio florescimento. O desconforto deixa de ser visto como um sinal de erro ou inadequação e passa a ser entendido como o toque firme e amoroso que o desperta para camadas de si mesmo que ainda aguardavam ser reconhecidas.

Assim, o canal amadurece não pela ausência de dificuldades, mas pela escolha constante de permanecer presente e disponível, mesmo quando o caminho parece enevoado. E é nessa disposição sincera, nesse compromisso silencioso de ser ponte entre mundos, que os anjos se fazem ainda mais presentes. Pois é justamente no coração que atravessa suas sombras sem fugir que a luz encontra solo fértil para florescer.

Capítulo 22
Trabalhando com o Círculo de Anjos

Ao ingressar no trabalho com o círculo de anjos, o canal se abre para uma experiência de conexão espiritual que ultrapassa a interação individual com um único ser de luz e adentra um campo vibracional expandido, onde múltiplas consciências angelicais atuam de maneira sinérgica e complementar. Esse círculo não é apenas uma composição aleatória de presenças celestiais, mas uma verdadeira estrutura viva e orgânica, cuidadosamente ajustada à vibração, à trajetória e às necessidades evolutivas específicas daquele que se dispõe a servir como canal consciente da luz divina. Cada anjo que integra esse círculo se apresenta não apenas como uma presença externa, mas como uma emanação direta de qualidades que o próprio canal precisa despertar, desenvolver ou lapidar em si mesmo. Dessa forma, a interação com o círculo de anjos não é apenas uma consulta espiritual ou uma busca por respostas, mas um processo de ressonância profunda, onde a luz de cada anjo atua como espelho e catalisador para que o canal reconheça suas próprias capacidades latentes e sua essência sagrada em constante recordação.

Essa dinâmica colaborativa entre o canal e seu círculo de anjos cria um campo de aprendizado contínuo, no qual cada presença angélica atua em perfeita harmonia com as demais, formando uma rede de apoio vibracional capaz de sustentar o canal em suas diversas fases de crescimento e transição. Alguns anjos se aproximam com a função de nutrir aspectos emocionais fragilizados, outros oferecem clareza e discernimento em momentos de confusão mental, enquanto outros ainda sustentam a proteção espiritual necessária para que o canal mantenha sua integridade energética diante de desafios externos. Esse círculo atua, portanto, como uma expressão viva da unidade divina, onde cada voz, cada toque sutil e cada orientação específica se soma à sinfonia maior do propósito espiritual daquele que serve como ponte entre os planos. Ao reconhecer a presença desse círculo e permitir-se ser amparado por ele, o canal abandona a ilusão da separação e do isolamento espiritual, compreendendo que sua caminhada, embora única em sua expressão, é sustentada por uma constelação amorosa de consciências que compartilham o mesmo propósito de servir à evolução do todo.

O verdadeiro trabalho com o círculo de anjos não se resume à recepção passiva de mensagens ou à evocação pontual de ajuda em momentos de crise. Trata-se de um relacionamento contínuo e evolutivo, onde o canal é chamado a desenvolver escuta interna apurada, sensibilidade vibracional refinada e, principalmente, uma confiança inabalável na sabedoria que flui dessas interações sutis. Essa confiança não nasce da certeza absoluta ou da eliminação completa das dúvidas, mas da disposição de caminhar mesmo sem todas as respostas, sustentado apenas pela lembrança viva da presença constante dessa equipe espiritual. Com o tempo, o círculo de anjos deixa de ser percebido como algo externo, posicionado em torno do canal, e passa a ser reconhecido como uma extensão natural de sua própria alma multidimensional — uma projeção vibratória das partes mais sábias, compassivas e luminosas de seu próprio ser. Nesse reconhecimento, o canal compreende que a verdadeira comunhão com o círculo de anjos é, em essência, uma jornada de retorno à sua própria essência divina, onde cada anjo reflete uma face esquecida de quem ele realmente é e sempre foi.

O círculo de anjos não é apenas um grupo de seres de luz reunidos ao acaso. Ele é uma equipe espiritual, cuidadosamente formada para amparar sua jornada e seus propósitos específicos. Cada anjo nesse círculo traz consigo uma qualidade, uma especialidade, uma frequência que complementa as outras, criando uma teia de apoio que se ajusta às suas necessidades e à sua missão.

Trabalhar com um círculo de anjos é como ter acesso a um conselho espiritual personalizado. Em vez de buscar orientação apenas em uma única fonte, você se abre para a sabedoria e o amor combinados de várias presenças. Cada anjo contribui com sua perspectiva única, com sua especialidade, criando uma sinfonia de apoio que nutre sua alma em diferentes níveis.

Essa equipe espiritual não é fixa. Ela se transforma conforme você evolui e seus propósitos se expandem. Alguns anjos permanecem como pilares constantes — seu anjo da guarda, por exemplo, é um membro vitalício do seu círculo. Outros podem se aproximar por um tempo, oferecer sua luz e sabedoria em um momento específico e depois se afastar, abrindo espaço para novas presenças.

A formação do círculo não é apenas uma questão de chamar aleatoriamente anjos que você admira ou conhece. É um processo de escuta profunda, de reconhecer quais qualidades você precisa cultivar em sua vida e quais presenças angelicais ressoam com essas qualidades. Se você busca fortalecer sua coragem, Miguel será um aliado poderoso. Se a cura emocional é o foco, Rafael e Chamuel trarão suas vibrações de amor e compaixão. Se a sabedoria e a clareza mental são o que você busca, Jofiel e Uriel iluminarão seu caminho.

A comunicação com um círculo de anjos exige sensibilidade e prática. No início, pode ser desafiador discernir entre as diferentes presenças, reconhecer qual anjo está falando e interpretar as mensagens combinadas. Mas, com o tempo, você aprenderá a identificar a assinatura vibratória de cada um, a reconhecer seus tons de luz e a integrar suas mensagens em uma única orientação harmoniosa.

O círculo de anjos não é uma hierarquia. Não há um anjo "chefe" que comanda os outros. É uma equipe de iguais, unidos pelo propósito de servir à sua jornada. Cada anjo contribui com sua luz, mas nenhum deles se sobrepõe ou diminui a importância dos outros.

Ao trabalhar com um círculo de anjos, você se abre para uma experiência de apoio multidimensional. Cada anjo atua em um nível específico do seu ser — físico, emocional, mental ou espiritual. Eles se comunicam com você através de diferentes canais — sonhos, visões, intuições, sensações físicas. E, ao integrar essas mensagens, você percebe que não está apenas recebendo orientação, mas sendo cuidado em sua totalidade.

O círculo de anjos é uma extensão da sua própria equipe espiritual. Além dos anjos, você pode se conectar com mestres ascensionados, guias espirituais, ancestrais de luz e outras presenças amorosas que ressoam com sua jornada. Essa equipe completa forma uma rede de apoio invisível, que o ampara em cada passo, o orienta em cada decisão e o lembra, a cada instante, de que você nunca está só.

Criar um círculo de anjos é um convite à confiança. É reconhecer que você não precisa carregar o peso do mundo sozinho. É se abrir para a possibilidade de ser amparado, guiado e amado por seres de luz que dedicaram suas existências a servir à evolução da humanidade.

À medida que você se conecta com seu círculo de anjos, sua vida se transforma em uma dança sagrada. Cada passo que você dá é guiado pela sabedoria combinada, cada decisão é iluminada pelo amor conjunto, cada desafio é atravessado com a força do apoio invisível. E, ao se entregar a essa dança, você percebe que não está apenas canalizando anjos — você está se tornando um anjo para si mesmo.

O círculo de anjos é um portal para a experiência de unidade. Ao se conectar com diferentes presenças, você reconhece que a luz que emana de cada uma delas é a mesma luz que brilha em você. E, nesse reconhecimento, a separação entre você e o divino se dissolve, revelando a verdade essencial: você é parte da mesma teia de luz que conecta todas as coisas.

Trabalhar com um círculo de anjos é, portanto, um caminho de expansão da consciência e de aprofundamento da conexão com o divino. É reconhecer que você não está sozinho em sua jornada, que há uma equipe de luz pronta para ampará-lo e guiá-lo em direção à sua missão mais elevada. É se abrir para a experiência de ser amado, cuidado e sustentado por uma força maior que você, mas que, ao mesmo tempo, é parte inseparável de quem você é.

Com o passar do tempo, a relação com esse círculo de anjos deixa de ser apenas uma prática espiritual e passa a se entrelaçar com os gestos cotidianos, os pensamentos mais íntimos e até os silêncios entre uma ação e outra. Os anjos não são apenas vozes distantes que trazem respostas; eles se tornam presenças vivas que acompanham cada passo, oferecendo sustento mesmo nos momentos em que a conexão parece tênue. E é nesse convívio silencioso e constante que a verdadeira intimidade com o círculo se revela — não como um evento extraordinário, mas como uma corrente sutil de amor e orientação fluindo por trás da vida comum.

Esse trabalho conjunto não exige perfeição nem dons especiais; ele nasce da disposição sincera de se abrir, de confiar e de reconhecer que há sabedoria no invisível, mesmo quando a mente humana reluta em aceitar. O círculo de anjos se molda à medida que o canal cresce, não para encaixá-lo em um papel rígido, mas para acompanhá-lo em suas fases de expansão e recolhimento. Há épocas em que a presença do círculo é como um coro vibrante, envolvendo cada passo com clareza e direção. Em outras, é um sussurro delicado, quase imperceptível, pedindo apenas que o canal lembre: "Estamos aqui."

Trabalhar com um círculo de anjos é, acima de tudo, aprender a pertencer a si mesmo e à teia de luz que sustenta toda a existência. Cada anjo, com sua frequência única, reflete uma parte de quem você é e, ao reconhecer essas presenças e acolhê-las, você se torna espelho de sua própria essência divina. Nesse reflexo, o caminho se revela não como uma busca por algo externo, mas como uma lenta e amorosa lembrança de que, desde o início, você já era parte desse círculo, dessa luz e desse amor que nunca deixou de pulsar em você.

Capítulo 23
Sintonização com Arcanjos Específicos

A conexão com os arcanjos se manifesta como um processo de refinamento da consciência e de alinhamento vibracional, em que o canal se torna capaz de sintonizar com forças arquetípicas primordiais que sustentam o próprio tecido da criação. Esses grandes seres de luz, que transcendem a figura de mensageiros celestes para atuar como expressões vivas de atributos divinos, revelam-se não apenas como guias espirituais externos, mas como espelhos luminosos de potências já existentes no âmago de cada alma. Cada arcanjo porta em sua essência uma emanação pura de qualidades que estruturam a jornada da alma humana: coragem, cura, sabedoria, amor, verdade, renovação e proteção. Ao sintonizar com essas presenças, o canal não apenas recebe auxílio e orientação, mas desperta em si as mesmas forças, reconhecendo-se como cocriador consciente da realidade que habita e atravessa.

O processo de sintonização com arcanjos específicos não ocorre como um evento isolado ou um chamado pontual em momentos de necessidade. Ele é, acima de tudo, um caminho de autoconhecimento profundo, em que o canal se vê convidado a refletir sobre quais aspectos internos clamam por expansão ou cura. Cada arcanjo, ao responder ao chamado sincero da alma, age como um ativador de códigos internos, reativando memórias ancestrais e abrindo portais de reconexão com a matriz original da alma. Essa sintonia não consiste em trazer uma presença externa para dentro, mas sim em remover camadas de esquecimento e medo, permitindo que a luz do próprio ser reverbere em uníssono com a frequência arquetípica do arcanjo invocado. Ao chamar Miguel, o canal não apenas recebe proteção; ele desperta seu próprio guerreiro interno, a chama inextinguível da coragem e da integridade. Ao sintonizar com Rafael, ele não apenas clama por cura; ele reencontra em si o poder de regenerar suas feridas, acolhendo-as como portais de sabedoria e compaixão.

    Essa dança vibracional entre canal e arcanjo revela-se, com o tempo, como uma via de mão dupla, onde a presença divina se manifesta não para substituir ou sobrepor a autonomia do canal, mas para lembrá-lo de sua natureza co-criadora e de seu papel ativo na manifestação das qualidades divinas no mundo físico. Os arcanjos não vêm como salvadores distantes, mas como aliados amorosos que sustentam e espelham o poder latente dentro da alma em crescimento. Conforme o canal aprofunda sua sintonia, percebe que a presença de cada arcanjo não é algo separado de si, mas uma extensão de sua própria essência divina. Miguel, Gabriel, Uriel, Rafael e os muitos outros arcanjos não são apenas nomes sagrados ou forças externas em planos elevados; eles são pulsações internas, aspectos divinos da própria alma que, ao serem reconhecidos, começam a se expressar com naturalidade nos pensamentos, ações e escolhas cotidianas. Assim, a sintonia com arcanjos específicos deixa de ser uma prática espiritual ocasional e passa a integrar-se à identidade espiritual do canal, dissolvendo a separação entre humano e divino, entre canal e mensageiro, entre chamado e resposta.

Compreender que cada arcanjo representa um aspecto da própria essência divina do canal transforma essa relação em um campo de aprendizado e maturidade espiritual contínua. A presença de Miguel, por exemplo, não é invocada apenas para afastar perigos externos, mas para lembrar o canal de sua capacidade inata de traçar limites sagrados e sustentar sua verdade mesmo diante de forças contrárias. Rafael não atua apenas para restaurar o corpo ou a mente adoecida, mas para ensinar que toda cura verdadeira nasce do abraço amoroso das próprias sombras e da integração compassiva de cada parte fragmentada do ser. Ao se abrir para essa sintonia consciente e madura, o canal percebe que a luz dos arcanjos não vem de fora para dentro, mas emerge de dentro para fora, desvelando uma verdade essencial: cada alma humana, em seu cerne mais íntimo, é um reflexo da luz divina que os arcanjos emanam, e cada passo de sua jornada é uma oportunidade de expressar, no mundo visível, a mesma luz que pulsa eternamente em sua essência oculta.

Conectar-se com um arcanjo específico é como abrir um canal direto para a fonte daquela qualidade que você busca fortalecer em sua vida. Se a coragem é o que você precisa, Miguel, o arcanjo da proteção e da força, se aproxima com sua espada de luz, dissolvendo medos e fortalecendo sua determinação. Se a cura física ou emocional é o foco, Rafael, o arcanjo da cura e da compaixão, envolve você com suas asas esmeralda, acalmando dores e abrindo espaço para a regeneração.

Cada arcanjo tem uma assinatura vibratória única, uma cor, um som, uma sensação que o diferencia dos outros. Ao invocar um arcanjo específico, você não está apenas chamando uma entidade distante, mas ajustando seu próprio campo energético para sintonizar com a frequência dele. É como girar o dial de uma rádio cósmica, buscando a estação que transmite a música que sua alma precisa ouvir.

Essa sintonia não exige técnicas complexas ou conhecimentos místicos. Os arcanjos respondem à pureza da intenção e à sinceridade do chamado. Uma prece simples, dita com o coração aberto, é o suficiente para criar a ponte vibracional. Mas é importante lembrar que a verdadeira sintonia não é apenas um ato mental. É um estado de ser.

Para se conectar com Miguel, por exemplo, não basta apenas pronunciar seu nome. É preciso despertar sua própria coragem interior, reconhecer a força que já existe dentro de você e se dispor a usá-la para defender seus valores, seus sonhos e sua missão. Miguel não luta suas batalhas por você. Ele o lembra de que você já tem a espada e o escudo — e o convida a empunhá-los com confiança.

Da mesma forma, para se conectar com Rafael, não basta apenas pedir cura física ou emocional. É preciso se abrir para a compaixão, acolher suas próprias dores com gentileza e reconhecer que a verdadeira cura não é apenas o desaparecimento dos sintomas, mas a transformação da forma como você se relaciona com eles. Rafael não cura por você. Ele o lembra de que você já tem o bálsamo e a luz — e o convida a usá-los para cuidar de si mesmo e dos outros.

Cada arcanjo é um mestre em sua área de atuação. Uriel, o arcanjo da sabedoria, ilumina sua mente com a chama dourada da clareza, ajudando a dissolver dúvidas e a encontrar soluções criativas para os desafios da vida. Gabriel, o mensageiro, fortalece sua voz interior, inspirando a comunicação autêntica e a expressão da sua verdade. Chamuel, o arcanjo do amor incondicional, abre seu coração para a compaixão, a gentileza e o perdão, ajudando a dissolver mágoas e a construir relações mais harmoniosas.

A sintonia com um arcanjo específico não é uma relação de dependência. Os arcanjos não querem seguidores ou devotos. Eles querem que você reconheça sua própria força, sua própria luz, sua própria capacidade de expressar as qualidades divinas que eles representam. Eles são como professores amorosos, que apontam o caminho, mas esperam que você dê os passos com suas próprias pernas.

Essa sintonia também não é exclusiva. Você pode se conectar com diferentes arcanjos ao longo da vida, conforme suas necessidades e propósitos evoluem. Em momentos de medo, Miguel é o guardião que você chama. Em momentos de dor, Rafael é o curador que se aproxima. E em momentos de busca por sabedoria, Uriel é o mestre que ilumina.

Os arcanjos não competem entre si. Eles trabalham em conjunto, como uma equipe cósmica que serve à evolução da humanidade. Cada um deles contribui com sua luz, sua força, sua sabedoria, criando uma teia de apoio invisível que ampara cada passo da sua jornada.

Ao se conectar com um arcanjo específico, você não está apenas recebendo ajuda externa. Você está despertando uma parte de si mesmo que ressoa com aquela qualidade divina. É como ativar um código adormecido em seu DNA espiritual, que o conecta à fonte da coragem, da cura, da sabedoria ou do amor.

Essa sintonia é uma dança vibracional. Você ajusta seu campo, e o arcanjo responde, aproximando-se com sua luz e sua orientação. É um diálogo sutil, que acontece em diferentes níveis de percepção — sonhos, intuições, sincronicidades, sensações físicas. Aprender a reconhecer essa linguagem é parte do processo de amadurecimento do canal.

Com o tempo, você perceberá que a sintonia com os arcanjos não é apenas uma prática espiritual. É uma forma de viver. Você se torna um canal permanente daquelas qualidades divinas que escolheu fortalecer em si mesmo. E, ao expressá-las em sua vida, você se torna um farol para outros, inspirando e iluminando o caminho daqueles que ainda buscam a própria luz.

Conectar-se com os arcanjos é, portanto, um convite à expansão da consciência e à lembrança da sua verdadeira natureza. É reconhecer que você não está sozinho em sua jornada, que há seres de luz poderosos e amorosos prontos para ampará-lo e guiá-lo em direção à sua missão mais elevada. É se abrir para a experiência de ser amado, cuidado e sustentado por uma força maior que você, mas que, ao mesmo tempo, é parte inseparável de quem você é.

Com o aprofundar dessa sintonia, o canal começa a perceber que cada arcanjo, com sua luz e seu propósito, não é uma presença distante ou inalcançável, mas sim uma extensão do próprio divino que habita em seu ser. Miguel, Rafael, Uriel, Gabriel e tantos outros deixam de ser apenas nomes ou imagens sagradas e passam a ser pulsações vivas dentro do próprio coração, ecos vibrantes de qualidades que sempre estiveram ali, esperando o momento certo de despertar. A cada encontro, o canal não apenas recebe uma bênção ou orientação — ele se lembra, pouco a pouco, de quem realmente é.

Essa lembrança é o verdadeiro presente da sintonia com os arcanjos. Mais do que respostas ou soluções imediatas, eles oferecem um espelho onde o canal pode ver sua força refletida, sua sabedoria intuída, seu amor expandido. Cada invocação é, na verdade, um chamado para dentro, um mergulho profundo nas águas luminosas da própria essência. E é assim, nesse fluxo contínuo entre receber e reconhecer, entre acolher e expressar, que o canal compreende que o divino não é algo a ser alcançado, mas sim algo a ser revelado — camada por camada, sopro por sopro.

Com o tempo, a sintonia com os arcanjos se torna mais do que um ato consciente; ela se transforma em uma presença constante, uma companhia silenciosa que permeia os dias e as noites, os momentos de oração e os gestos cotidianos. Cada passo, cada escolha e cada silêncio carrega a marca sutil dessas presenças amorosas. E, ao viver dessa forma, o canal compreende que ser guiado pelos arcanjos não significa depender de sua luz, mas aprender a reconhecer essa mesma luz pulsando, eternamente viva, dentro de si.

Capítulo 24
Canalização de Nomes e Selos Angélicos

A canalização de nomes e selos angélicos representa um refinamento natural da sensibilidade espiritual do canal, um desdobramento que ocorre quando a conexão com o plano angélico alcança uma profundidade em que palavras comuns já não conseguem traduzir a essência da comunicação. Os nomes angélicos, longe de serem simples identificadores, são expressões vibracionais condensadas, onde cada som carrega uma frequência específica capaz de abrir portais internos e externos de conexão direta com a consciência daquele ser de luz. Ao receber um nome, o canal não está apenas obtendo uma forma de chamar ou invocar a presença angélica; ele está sendo presenteado com um fragmento vibracional da essência daquele anjo, uma chave sonora capaz de sintonizar seu campo energético com a frequência exata de quem se apresenta. Esses nomes, ao serem vocalizados, pensados ou escritos, funcionam como gatilhos de memória espiritual, resgatando não apenas a identidade do anjo, mas a própria memória do vínculo ancestral entre alma e presença angélica, que muitas vezes remonta a ciclos muito anteriores à encarnação atual.

Essa revelação de nomes não ocorre de forma aleatória ou linear, mas sim conforme o canal se mostra pronto para sustentar essa vibração em seu próprio campo. Cada nome carrega em si uma responsabilidade espiritual, pois evoca uma frequência específica da qual o canal passa a ser guardião e transmissor. Por isso, o processo de receber esses nomes é sempre envolto em uma atmosfera de profundo respeito e reverência, pois cada nome é um convite a integrar qualidades específicas que o anjo representa. Mais do que um som, o nome é uma vibração viva que interage diretamente com os corpos sutis do canal, ajustando, ampliando e refinando sua própria frequência para torná-lo cada vez mais capaz de sustentar a presença angélica em sua totalidade. Essa integração gradual faz com que, em muitos casos, o nome revelado ressoe não apenas como algo externo, mas como uma lembrança interna, como se a alma reconhecesse naquele som sagrado uma parte esquecida de si mesma, reativada pelo encontro.

Os selos angélicos, por sua vez, são linguagens visuais da mesma essência vibracional contida nos nomes. Se o nome é a expressão sonora da assinatura de um anjo, o selo é sua expressão geométrica. Cada traço, cada curva e cada ponto de um selo angélico possui uma razão de ser, funcionando como uma ponte simbólica entre o plano físico e o plano angélico. Ao canalizar um selo, o canal está captando não apenas um símbolo, mas uma configuração vibracional capaz de ancorar no plano material a presença daquele anjo. Assim como acontece com os nomes, o processo de canalizar selos é profundamente intuitivo e ocorre quando o canal se alinha suficientemente com a frequência do anjo a ponto de captar suas emanações em forma de símbolos geométricos ou pictográficos. Esses selos podem se manifestar de forma espontânea, como visões em meditação, ou podem ser transmitidos por meio de escrita automática ou impulsos criativos que fluem sem a interferência da mente racional.

Mais do que simples elementos decorativos ou identificadores, esses selos carregam uma função vibracional específica. Eles atuam como âncoras de presença, portais gráficos que ajustam o campo energético do ambiente e do próprio canal, facilitando a comunicação e estabilizando a frequência da presença angélica. Cada vez que um selo é desenhado ou visualizado conscientemente, o canal reforça a ponte vibracional entre os mundos, fortalecendo sua capacidade de sustentar a presença angélica no plano físico. Dessa forma, o processo de receber e trabalhar com nomes e selos torna-se uma prática de cocriação espiritual, onde o canal não apenas recebe informações, mas se torna participante ativo da construção de um campo sagrado de conexão. Ao integrar esses nomes e selos em sua prática cotidiana, o canal transforma-se em guardião dessas chaves vibracionais, despertando em si mesmo e no mundo ao seu redor as frequências que esses símbolos transportam, e permitindo que a luz angélica permeie de forma cada vez mais consciente todos os aspectos de sua jornada.

Os nomes angélicos não são meras etiquetas ou títulos. Eles são, em essência, assinaturas vibracionais, códigos de luz que contêm a frequência única de cada ser de luz. Diferente dos nomes humanos, que servem para identificar e diferenciar, os nomes angélicos são portais de acesso à própria essência do anjo. Ao receber um nome angelical, você não está apenas aprendendo como chamar aquele ser — você está recebendo uma chave para acessar sua frequência, sua missão e seu propósito no universo.

Esses nomes podem ser canalizados de diversas formas. Alguns surgem espontaneamente durante a meditação, como se fossem sussurrados ao seu ouvido interno. Outros se revelam em sonhos, escritos em luz ou entalhados em paisagens oníricas. Há casos em que o nome é transmitido através da escrita inspirada, onde a mão se move guiada por uma força invisível, traçando letras e símbolos que formam um nome desconhecido, mas que ressoa com a alma como uma lembrança ancestral.

A canalização de nomes angélicos não é um dom reservado a poucos. Qualquer pessoa que cultive a abertura, a pureza de intenção e a confiança na presença amorosa dos anjos pode receber essa dádiva. No entanto, é preciso estar preparado para lidar com a mente racional, que muitas vezes questiona a validade do que foi recebido. A dúvida é natural, mas ela não deve ser um obstáculo. O verdadeiro teste da autenticidade de um nome canalizado é a ressonância que ele provoca em seu interior. Se o nome vibra em seu coração, se ele desperta uma sensação de reconhecimento e conexão profunda, então ele é verdadeiro, independentemente de qualquer validação externa.

Os selos angélicos, por sua vez, são símbolos sagrados, impressões vibracionais que contêm a assinatura energética de cada anjo. Eles são como chaves codificadas, que abrem portais específicos no seu campo e permitem que você acesse a frequência daquele anjo com mais facilidade e clareza. Diferente dos nomes, que são recebidos principalmente através da audição interna ou da escrita inspirada, os selos angélicos se manifestam com mais frequência através da visão. Eles podem surgir como imagens nítidas, como flashes de luz ou como desenhos geométricos complexos que se formam na tela da sua mente durante a meditação.

Assim como os nomes, os selos angélicos não são apenas formas bonitas ou desenhos aleatórios. Cada traço, cada curva, cada símbolo contido em um selo carrega uma frequência específica. Ao meditar sobre um selo, ao desenhá-lo ou visualizá-lo, você está sintonizando seu campo com a vibração daquele anjo, abrindo-se para receber sua luz, sua proteção e sua orientação.

É importante lembrar que a canalização de nomes e selos angélicos não é um fim em si mesma. Ela é uma ferramenta poderosa para fortalecer sua conexão com os anjos, para aprofundar sua compreensão da linguagem da luz e para se abrir para novas camadas de percepção. No entanto, o verdadeiro poder desses símbolos não reside em sua forma externa, mas na ressonância que eles despertam em seu interior. Se um nome ou selo não vibra em seu coração, se ele não evoca uma sensação de conexão profunda, então ele não é uma chave verdadeira para sua jornada.

A canalização de nomes e selos angélicos é um passo importante na jornada do canal. Ela marca uma nova etapa na comunicação com os anjos, onde a linguagem se torna mais sutil, mais profunda e mais pessoal. Ao se abrir para essa forma de comunicação, você está se abrindo para uma nova dimensão da sua própria espiritualidade, onde a conexão com os anjos se torna mais íntima, mais presente e mais integrada à sua vida como um todo.

É fundamental lembrar que os anjos não revelam seus nomes e selos para satisfazer a curiosidade da mente. Eles o fazem para fortalecer o vínculo, para aprofundar a confiança e para lembrá-lo de que você nunca está sozinho. Cada nome, cada selo é um presente, um gesto de amor que o convida a se aproximar, a reconhecer a presença constante e a se abrir para a experiência de ser guiado, amparado e amado por seres de luz que dedicaram suas existências a servir à evolução da humanidade.

Com o tempo, o canal compreende que os nomes e selos não são apenas elementos de identificação, mas pontes vivas entre mundos. Eles carregam em suas frequências a própria essência da presença angélica, como se cada traço e cada som vibrasse em harmonia com a música do espírito daquele anjo. São mais do que códigos de acesso — são convites silenciosos para que o canal reconheça sua própria capacidade de ouvir o sutil, de enxergar além da forma e de traduzir em símbolos aquilo que a alma já sabe, mas a mente ainda aprende a decifrar.

Cada nome recebido, cada selo desenhado ou vislumbrado em meditação, é um pedaço de um mapa maior — um mapa que revela não apenas o caminho de conexão com os anjos, mas também a própria trajetória do canal em direção à sua essência luminosa. Esses fragmentos vibracionais se encaixam no fluxo da jornada espiritual como peças de um quebra-cabeça sagrado, onde o verdadeiro propósito não é decifrar ou possuir os nomes e selos, mas sim permitir que eles o transformem, que cada frequência revelada abra um novo espaço dentro de si para a luz habitar.

E assim, o canal descobre que a verdadeira chave nunca esteve fora — nem nos nomes, nem nos selos, nem nas visões que surgem no silêncio. A verdadeira chave sempre foi a disposição de se abrir, de confiar e de recordar que essa linguagem de luz não é estrangeira à alma. Pelo contrário, é a língua materna do espírito, ecoando desde o início dos tempos e esperando, pacientemente, que o canal se lembre de que cada nome que recebe e cada símbolo que traça não são apenas convites para conhecer os anjos, mas convites para recordar a si mesmo.

Capítulo 25
Sons e Códigos Frequenciais

A comunicação com os anjos se expande para além das palavras e das imagens mentais, mergulhando em uma dimensão vibracional onde a essência de cada mensagem se expressa como puro som e pulsação. Os sons e códigos frequenciais constituem essa linguagem primordial, anterior à forma e à interpretação, uma corrente de vibração pura que ressoa diretamente nos corpos sutis e no campo energético do canal. Mais do que meros estímulos sonoros, essas frequências são portadoras de inteligência divina, impregnadas de informações que não precisam ser compreendidas racionalmente para cumprirem sua função de harmonizar, desbloquear e despertar aspectos ocultos da consciência. Cada som ou código recebido é uma ponte viva entre o plano humano e as esferas angélicas, capaz de ajustar o campo vibracional do canal para que ele se torne cada vez mais receptivo à presença e à orientação dos seres de luz.

Durante o processo de canalização, essas frequências podem se manifestar de diferentes maneiras, de acordo com a sensibilidade e a configuração vibracional de cada canal. Em alguns casos, os sons chegam como melodias delicadas, harmonias sutis que ecoam internamente como um canto ancestral, trazendo consigo uma sensação de acolhimento e pertencimento. Para outros, esses sons podem se apresentar como pulsações rítmicas, batimentos suaves que acompanham a respiração ou o fluxo sanguíneo, como se o próprio corpo se transformasse em um instrumento que responde à presença angelical. Há ainda aqueles que percebem os sons como fragmentos isolados, como sinos cristalinos, zumbidos metálicos ou vibrações contínuas, cada qual contendo uma chave vibracional específica que se ajusta a uma necessidade ou processo em andamento. Esses sons não são apenas mensagens passivas — eles interagem com o campo do canal, promovendo limpezas, realinhamentos e ativações conforme a frequência de cada um é acolhida e integrada.

Os códigos frequenciais, por sua vez, são manifestações visuais, sonoras ou cinestésicas de padrões vibracionais mais complexos, que condensam e organizam informações espirituais em uma linguagem simbólica multidimensional. Quando um canal recebe um código, seja em forma de sequência numérica, geometria sagrada ou padrões rítmicos, ele está sendo apresentado a uma matriz vibratória que atua diretamente no reordenamento de suas próprias estruturas internas. Cada código é uma espécie de senha vibracional, uma combinação única de frequências que, ao ser reconhecida e assimilada, desbloqueia camadas de memória espiritual, ativa potenciais dormentes e reposiciona o canal em seu fluxo original de conexão com a consciência divina. O processo de decodificação desses símbolos raramente acontece de forma linear ou imediata, pois eles operam em níveis profundos de consciência, onde a mente racional tem pouco acesso. Em vez de respostas diretas, esses códigos trazem mudanças sutis de percepção, sincronicidades significativas e reorientações internas que, pouco a pouco, revelam seu verdadeiro significado.

À medida que o canal desenvolve sua sensibilidade para captar e integrar sons e códigos frequenciais, sua própria presença se torna um campo ressonante, capaz de irradiar as frequências angélicas que recebe. Ele deixa de ser apenas um receptor passivo de mensagens para se tornar uma ponte viva entre os mundos, ajustando continuamente seu próprio campo energético para servir como canal de transmissão dessas vibrações ao seu entorno. Os sons e códigos recebidos não são propriedades pessoais, mas expressões universais de harmonia e cura, destinadas a serem compartilhadas com o coletivo através da simples presença do canal. Cada vez que o canal acolhe uma nova frequência, ele ajusta seu próprio campo vibracional e, ao fazê-lo, contribui para a elevação da vibração do ambiente e das pessoas com quem convive. Assim, a linguagem frequencial dos anjos não é apenas uma ferramenta de comunicação individual, mas um fluxo contínuo de serviço e cocriação, onde cada som e cada código recebido integra o canal em uma sinfonia maior — a sinfonia viva da criação divina em constante expansão.

Os anjos são, em essência, seres de pura vibração. Eles existem em reinos onde a luz e o som se entrelaçam, formando padrões complexos de energia que sustentam e harmonizam a criação. Quando eles se comunicam conosco, eles não transmitem apenas informações — eles transmitem frequências. E essas frequências, por sua vez, ressoam em nosso campo energético, ajustando nossa vibração, dissolvendo bloqueios e despertando potenciais adormecidos.

Os sons e códigos frequenciais são a linguagem primordial dos anjos. Eles são a base da comunicação que antecede as palavras, as imagens e até mesmo as sensações. Eles são a vibração pura que ressoa em cada célula do seu corpo, em cada partícula do seu campo energético.

Esses sons podem se manifestar de diversas formas durante a canalização. Alguns canais ouvem melodias angelicais, harmonias celestiais que parecem vir de um lugar além do espaço e do tempo. Outros ouvem sons mais sutis — sinos cristalinos, zumbidos suaves, o farfalhar de asas invisíveis. Há quem perceba esses sons como vibrações internas, como se o próprio corpo estivesse se transformando em um instrumento musical.

Esses sons não são apenas "música para os ouvidos". Eles são códigos de luz, frequências cuidadosamente ajustadas para ativar partes específicas do seu ser. Cada som, cada melodia, cada vibração carrega uma assinatura energética que ressoa em diferentes níveis — físico, emocional, mental ou espiritual.

Alguns sons angelicais trazem cura. Eles dissolvem bloqueios energéticos, acalmam emoções turbulentas e abrem espaço para a regeneração celular.

Outros sons trazem clareza mental, dissolvendo a névoa da dúvida e expandindo sua capacidade de percepção. Há sons que despertam a intuição, que fortalecem a conexão com sua alma e que o abrem para a experiência da unidade com o divino.

Os códigos frequenciais, por sua vez, são padrões vibracionais mais complexos. Eles são como sequências numéricas, geométricas ou sonoras que contêm informações específicas, como se fossem mensagens codificadas. Esses códigos podem ser recebidos de diferentes formas — como sequências numéricas que surgem em sonhos ou meditações, como desenhos geométricos que se formam na tela da sua mente ou como melodias que se repetem com variações sutis.

Decodificar esses códigos é um processo que exige paciência e sensibilidade. A mente racional, acostumada à lógica linear, pode tentar forçar uma interpretação imediata. Mas a verdadeira compreensão dos códigos frequenciais acontece em camadas, através da intuição, da sincronicidade e da observação atenta dos seus próprios sonhos e sentimentos.

Cada código é como uma chave que abre uma porta específica em seu interior. Ao meditar sobre um código, ao desenhá-lo ou ao ouvi-lo repetidamente, você está sintonizando seu campo com a frequência que ele contém. E essa sintonia, por sua vez, ativa potenciais adormecidos, dissolve bloqueios e o abre para novas camadas de percepção.

É importante lembrar que os sons e códigos frequenciais não são elementos mágicos que controlam os anjos ou que forçam a canalização. Eles são ferramentas de harmonização, convites para que você ajuste sua vibração e se abra para a comunicação com o divino. Os anjos não precisam que você os invoque com sons ou códigos — eles respondem à pureza da sua intenção e à sinceridade do seu chamado.

No entanto, esses sons e códigos são presentes poderosos. Eles são como atalhos vibracionais, que facilitam a conexão, aprofundam a comunicação e aceleram o processo de cura e transformação. Ao se abrir para essa linguagem sutil, você está se abrindo para uma nova dimensão da sua própria espiritualidade, onde a conexão com os anjos se torna mais presente, mais natural e mais integrada à sua vida como um todo.

Com o tempo e a prática, você aprenderá a reconhecer os sons e códigos frequenciais como parte da sua comunicação diária com os anjos. Você perceberá que eles não se manifestam apenas em momentos de meditação ou canalização formal — eles estão presentes nos sons da natureza, nas melodias que tocam seu coração, nos padrões que se repetem ao seu redor.

Aprender a ouvir essa linguagem sutil é como afinar seus sentidos para uma nova realidade, onde a música da criação se torna audível. É reconhecer que você não está separado do fluxo da vida, mas que é parte integrante da sinfonia cósmica que vibra em cada átomo, em cada célula, em cada partícula do universo.

Com o aprofundar dessa escuta, o canal descobre que os sons e códigos não são apenas manifestações externas trazidas pelos anjos — eles ecoam de dentro para fora, como ecos de uma memória espiritual que sempre existiu. Cada som que ressoa no campo, cada sequência que se revela em imagens ou pulsações sutis, é também um reflexo da própria alma em processo de recordação. A sintonia com esses códigos é, na verdade, a lembrança de que o corpo, a mente e o espírito já possuem, desde a origem, a capacidade de vibrar em harmonia com o divino.

Essa percepção transforma a prática da canalização em algo que transcende a busca por mensagens ou respostas. O canal deixa de ser apenas um receptor e passa a ser um emissor consciente, ajustando suas próprias frequências, permitindo que sua presença se torne, por si só, uma ponte vibratória entre os reinos visível e invisível. Os sons e códigos deixam de ser apenas fenômenos esporádicos e passam a compor a trilha invisível que sustenta cada momento de sua jornada, guiando-o não apenas na comunicação com os anjos, mas na própria forma de existir no mundo.

Assim, o canal compreende que cada som sutil, cada código recebido, é parte de uma partitura maior — uma canção sagrada que conecta sua essência à fonte primordial de onde tudo emana. E ao reconhecer-se como parte dessa sinfonia viva, ele não apenas escuta os anjos, mas aprende a cantar com eles, tornando-se parte ativa do coro de luz que, desde o princípio, sustenta e embala a criação.

Capítulo 26
A Missão do Canal

A canalização angelical representa um chamado profundo, que transcende a simples recepção de mensagens espirituais e se transforma em uma jornada de autodescoberta e serviço ao sagrado. Essa missão, que emerge do encontro entre a alma do canal e as esferas sutis da hierarquia celestial, não se impõe de forma abrupta ou externa, mas floresce de maneira orgânica, a partir do despertar da consciência e da abertura para o fluxo constante de amor e sabedoria que permeia o universo. Cada canal é, em essência, um ponto de convergência entre o visível e o invisível, uma ponte viva que permite a manifestação da presença angélica na matéria, traduzindo os impulsos divinos em ações, palavras e vibrações que tocam a humanidade e a Terra de formas variadas. Essa missão é inseparável da própria essência do canal, pois nasce de seu propósito maior de alma, ecoando sua verdade interna e seu desejo genuíno de participar do grande movimento de cura e elevação coletiva. Mais do que uma função específica ou um papel a desempenhar, a missão do canal se revela como um convite constante ao alinhamento entre seu ser mais profundo e a corrente luminosa que flui diretamente do coração do Criador.

Ser um canal consciente implica compreender que a missão não se limita à comunicação com os anjos, mas se desdobra em todas as áreas da vida, permeando relações, escolhas e expressões criativas. Cada talento, habilidade ou dom pessoal se torna uma ferramenta divina a serviço do propósito maior, e o canal aprende a reconhecer sua vida como parte de uma rede invisível de luz, onde cada gesto de amor reverbera em toda a criação. A missão, portanto, não é estática nem predefinida, mas maleável como a água, moldando-se às circunstâncias, às fases da jornada evolutiva e ao fluxo constante de inspiração que os anjos oferecem. Para alguns, a missão se expressa em curas silenciosas; para outros, em palavras escritas ou faladas que despertam consciências; para muitos, ela se revela nos atos cotidianos, nos encontros casuais e na forma como o canal se coloca diante do mundo — com presença, amorosidade e entrega. Independentemente da forma, a essência permanece a mesma: ser um veículo consciente da luz divina, permitindo que a compaixão, a sabedoria e a beleza do reino angélico fluam livremente por meio de sua existência.

  Assumir essa missão não significa carregar o peso de expectativas irreais ou buscar uma perfeição inatingível. Pelo contrário, a verdadeira força do canal reside em sua vulnerabilidade sagrada, na disposição de ser transparente o suficiente para que a luz possa atravessá-lo sem distorções. Esse processo exige coragem para olhar para suas próprias sombras, aceitando sua humanidade com ternura e compaixão, pois é justamente no encontro entre luz e sombra que o canal se torna íntegro e capaz de servir com autenticidade. A missão do canal é, antes de qualquer coisa, uma vivência interna, um compromisso silencioso de abrir espaço para que a divindade se expresse na simplicidade do cotidiano. Cada escolha amorosa, cada palavra inspirada e cada gesto sincero de cuidado são manifestações dessa missão, que não se realiza como uma meta distante, mas como uma dança contínua entre ser e doar, entre receber e compartilhar, entre ouvir a voz dos anjos e traduzir essa melodia celeste em serviço ao próximo. Ao compreender que sua presença é, por si só, uma expressão de luz, o canal descobre que sua missão é inseparável de sua própria essência — uma chama divina que arde no centro do peito e ilumina o caminho, dentro e fora, no céu e na Terra.

Ser um canal angelical consciente não é apenas receber mensagens ou ter experiências espirituais extraordinárias. É, acima de tudo, um chamado para servir, para ser um farol de luz em um mundo que muitas vezes se esqueceu da própria essência divina. É se tornar um instrumento da luz, permitindo que a sabedoria e o amor dos anjos fluam através de você para tocar a vida de outras pessoas e do planeta como um todo.

Essa missão não é uma obrigação imposta pelos anjos, nem um fardo que você precisa carregar. Ela é, na verdade, um privilégio, uma oportunidade de expressar sua verdadeira natureza e de contribuir para a cura e a evolução da humanidade. É um chamado para compartilhar a luz que você recebeu, para ser um ponto de conexão entre o céu e a terra, para ser um agente de transformação em um mundo que clama por amor e compaixão.

A missão do canal se manifesta de diferentes formas, de acordo com seus talentos, suas habilidades e sua própria jornada de alma. Para alguns, a missão se expressa através da cura — seja através da imposição de mãos, da canalização de energias sutis ou do uso de palavras e mensagens que trazem alívio e conforto. Para outros, a missão se manifesta através da arte — seja através da música, da pintura, da escrita ou de qualquer forma de expressão criativa que canalize a beleza e a inspiração do reino angelical.

Há aqueles cuja missão se expressa através do ensino — seja através de palestras, cursos ou livros que compartilham a sabedoria e o conhecimento recebidos dos anjos. E há aqueles cuja missão se manifesta através do serviço direto à comunidade — seja através do trabalho voluntário, de projetos sociais ou de qualquer forma de ação que contribua para o bem-estar do próximo.

A missão do canal não é algo que você precisa descobrir sozinho. Os anjos o guiam, o inspiram e o apoiam em cada passo do caminho. Eles sussurram ideias, abrem portas e o conectam com as pessoas e os recursos certos para que você possa expressar sua missão da forma mais autêntica e poderosa possível.

No entanto, é importante lembrar que a missão do canal não é algo que você precisa realizar perfeitamente. Os anjos não esperam que você seja um guru infalível ou um salvador da humanidade. Eles esperam que você se doe com sinceridade, que compartilhe a luz que recebeu com humildade e que confie na sabedoria e no amor que fluem através de você.

A missão do canal não é sobre perfeição, mas sobre presença. É sobre estar presente em cada momento, em cada encontro, em cada palavra e gesto, permitindo que a luz dos anjos se expresse através de você da forma mais autêntica e amorosa possível. É sobre ser um canal aberto e receptivo, confiando que a sabedoria e o amor que fluem através de você tocarão e transformarão a vida de todos que cruzarem seu caminho.

A missão do canal não é algo que você precisa realizar no futuro. Ela está acontecendo agora, em cada escolha que você faz, em cada palavra que você pronuncia, em cada gesto de amor e compaixão que você oferece ao mundo. É sobre viver sua vida como um ato de serviço, como uma expressão da luz que você recebeu, como uma manifestação do amor que você é.

Essa missão se entrelaça com a própria jornada da alma, moldando-se aos seus ciclos de crescimento, aos aprendizados que se desdobram e às transformações que a vida convida a realizar. Não é uma meta distante, tampouco um destino fixo; é um fluxo constante entre o dar e o receber, entre o silêncio que acolhe e a voz que compartilha. O canal não precisa ter todas as respostas, nem carregar a ilusão de estar sempre pronto. Sua verdadeira força reside na disposição de se abrir, de ser vulnerável diante da luz e de permitir que a própria humanidade caminhe de mãos dadas com a divindade que o habita.

Ao aceitar essa missão, o canal aprende a dançar entre o visível e o invisível, entre o sagrado e o cotidiano. Cada experiência, por mais simples que pareça, torna-se um campo fértil para a presença angelical se manifestar — num olhar de acolhimento, numa palavra que conforta, no silêncio que escuta sem pressa. É assim, em pequenos gestos e em grandes entregas, que a missão se cumpre: não como um roteiro fixo, mas como uma sinfonia que se compõe a cada dia, ao ritmo do coração e ao sopro da inspiração divina.

E assim, o canal descobre que sua missão é, antes de tudo, uma forma de lembrar quem realmente é. É o retorno ao lar interior, à fonte luminosa que sempre esteve presente, aguardando o momento de transbordar. Cada passo, cada partilha e cada conexão tornam-se portais para esse reencontro, em que servir é amar, receber é doar e ser canal é, em essência, ser inteiro — um fragmento de céu caminhando sobre a terra.

Capítulo 27
Primeira Canalização Completa

A primeira canalização completa representa um momento de profunda fusão entre o humano e o sagrado, uma travessia silenciosa em direção à essência luminosa que sempre habitou seu ser, aguardando pacientemente a permissão para se expressar. Não é apenas um exercício espiritual ou uma técnica a ser aprendida, mas um verdadeiro rito de passagem em que você, pela primeira vez, se reconhece como parte ativa de uma corrente de amor e sabedoria que flui diretamente do plano angélico até seu coração. Esse encontro não nasce da pressa ou da expectativa de resultados imediatos, mas da construção delicada de uma confiança mútua entre você e as presenças amorosas que o acompanham desde antes do seu nascimento. Cada respiração consciente, cada silêncio acolhido e cada intenção sincera pavimentam o caminho até esse momento em que o véu entre os mundos se torna tão tênue que a voz da alma pode ser ouvida com clareza e ternura. Não há exigências de perfeição, nem necessidade de controle sobre o que será dito, sentido ou revelado. A primeira canalização completa é, antes de tudo, uma permissão interna, um sim absoluto à presença da luz em sua vida, permitindo que ela o envolva, o guie e o transforme de dentro para fora.

A preparação para essa primeira entrega não se limita ao ambiente físico ou ao ritual externo, embora esses elementos ajudem a criar um campo de acolhimento e segurança. A verdadeira preparação acontece no âmago do seu ser, no espaço íntimo onde suas vulnerabilidades, seus anseios e suas dúvidas se encontram com sua fé, sua coragem e seu desejo de servir à luz. Cada escolha de silêncio em meio ao ruído, cada instante de conexão consciente com seu coração e cada pequeno ato de confiança na voz suave da sua intuição são convites silenciosos para que os anjos se aproximem, não como forças externas, mas como extensões da própria essência divina que pulsa em seu peito. Essa canalização inaugural é menos sobre ouvir mensagens específicas e mais sobre recordar o idioma primordial da alma — uma linguagem feita de vibrações sutis, sensações delicadas e percepções que não podem ser traduzidas completamente em palavras. Nesse espaço sagrado de reencontro, o anjo guardião não é uma entidade distante a transmitir comandos, mas um reflexo ampliado da sua própria centelha divina, um espelho luminoso onde você pode reconhecer o brilho original que sempre esteve presente, por trás das camadas de medo, dúvida ou autossabotagem.

 O fluxo dessa primeira canalização não segue um roteiro linear ou uma sequência predefinida de etapas, porque cada alma constrói sua ponte de comunicação de maneira única e irrepetível. Alguns sentirão calor ou arrepios sutis, enquanto outros perceberão imagens, palavras soltas ou apenas uma presença amorosa que os envolve e acalma. Nenhuma experiência é mais válida ou profunda que a outra, pois todas refletem o grau de abertura e confiança que você permite naquele instante. Mais do que resultados, os anjos observam a sinceridade da sua entrega, o desejo puro de servir à luz e a coragem de se abrir para algo maior que a mente racional consegue compreender. Essa primeira conexão plena não termina quando você encerra o momento de silêncio; ela reverbera em camadas invisíveis da sua consciência, impregnando seu olhar, suas palavras e seus gestos com uma qualidade nova de presença e amorosidade. A partir dela, a separação entre espiritualidade e vida cotidiana se dissolve, e você começa a perceber que cada momento é uma extensão da canalização — cada palavra de conforto que oferece, cada silêncio que respeita e cada ato de compaixão que pratica se torna uma manifestação concreta da luz angélica fluindo através de você, com ou sem palavras, com ou sem cerimônias. Nesse sentido, a primeira canalização completa não é um evento isolado, mas o marco inaugural de uma dança contínua entre sua humanidade e sua essência divina, onde cada passo, por mais simples que pareça, é uma celebração silenciosa do reencontro entre céu e terra dentro de você.

Essa primeira canalização não é um teste, nem uma prova de que você está pronto ou não para ser um canal. Ela é, acima de tudo, um presente que você oferece a si mesmo — um momento de profunda conexão com sua alma e com a sabedoria e o amor que emanam das esferas celestiais. É um mergulho no seu próprio mar interior, guiado pela mão gentil do seu anjo guardião, que o conduz com segurança e ternura por entre as ondas da sua própria consciência.

Antes de iniciar a canalização, reserve um tempo para se preparar. Escolha um momento em que você possa estar em paz, sem interrupções ou distrações. Desligue o celular, a televisão, o computador — qualquer dispositivo que possa desviar sua atenção do momento presente. Se possível, crie um ambiente tranquilo e acolhedor — acenda uma vela, coloque uma música suave, use um aroma que o ajude a relaxar.

Essa preparação do ambiente não é uma regra rígida. Os anjos não exigem um cenário perfeito para se manifestarem. Mas, ao cuidar do espaço externo, você está, na verdade, preparando o espaço interno. Você está dizendo à sua mente e ao seu corpo que este é um momento especial, um momento de encontro com o sagrado. E essa intenção, por si só, já é um passo importante na direção da conexão.

Com o ambiente preparado, sente-se confortavelmente em um lugar onde você possa manter a coluna ereta, mas relaxada. Feche os olhos e respire profundamente algumas vezes. Sinta o ar entrando e saindo dos seus pulmões, preenchendo cada célula do corpo com vida e energia. A respiração é a ponte entre o corpo físico e a alma. Ao respirar com consciência, você harmoniza esses dois planos, criando um espaço interno propício para a canalização.

Enquanto respira, observe seus pensamentos. Não tente pará-los ou controlá-los. Apenas observe-os como quem observa as nuvens passando no céu. Eles vêm e vão, trazem imagens, emoções, lembranças. Mas você não precisa se apegar a eles. Apenas deixe-os passar, como ondas que se formam e se desfazem na superfície do mar.

A mente é uma ferramenta poderosa, mas durante a canalização ela precisa aprender a se aquietar. Ela não precisa ser desligada, mas colocada em segundo plano, como uma observadora respeitosa do diálogo que acontece entre sua alma e os anjos. Ao silenciar a mente, você abre espaço para que a voz sutil do seu coração possa ser ouvida.

Com o corpo relaxado e a mente em paz, traga sua atenção para seu coração. Sinta o ritmo da sua respiração nesse centro do seu peito. Imagine uma luz suave emanando do seu coração, preenchendo todo o seu corpo com uma sensação de paz e segurança. Essa luz é sua própria essência divina, sua chama interior que nunca se apaga, mesmo nos momentos mais difíceis.

Ao se conectar com essa luz, você se conecta com a frequência do amor. E o amor é a linguagem primordial dos anjos. Eles não falam apenas em palavras ou imagens, mas em vibrações sutis que ressoam diretamente no seu coração. Ao abrir seu coração, você abre a porta para que eles se comuniquem com você da forma mais pura e amorosa possível.

Com o coração aberto e receptivo, convide seu anjo guardião para se aproximar. Você pode fazer isso em voz alta ou apenas com o pensamento. Não importa a forma — o que importa é a sinceridade do seu chamado. Diga a ele que você está pronto para ouvir, que você confia na sua presença e que você se abre para receber a sabedoria e o amor que ele tem para compartilhar.

Enquanto espera pela resposta, continue respirando com calma e atenção. Não se preocupe em sentir algo específico ou em receber uma mensagem grandiosa. Apenas confie no processo. Os anjos não se manifestam da mesma forma para todos. Para alguns, a presença é sentida como um calor suave no peito, para outros como uma brisa fresca que envolve o corpo. Para alguns, a mensagem chega como uma voz interna, para outros como uma imagem simbólica.

Não tente controlar a experiência. Apenas se permita sentir. Acolha qualquer sensação, qualquer imagem, qualquer pensamento que surja com gentileza e curiosidade. Não julgue, não questione, não tente forçar uma interpretação. Apenas observe, como quem observa uma flor desabrochando em câmera lenta.

A primeira canalização é como um encontro delicado. Você está se abrindo para uma nova forma de comunicação, para uma linguagem que não se limita a palavras ou imagens, mas que se manifesta em diferentes níveis de percepção. Seja paciente consigo mesmo. Confie na sabedoria do seu anjo guardião, que o guiará com amor e segurança por entre as camadas da sua própria consciência.

Se, em algum momento, você se sentir desconfortável ou inseguro, peça a proteção do seu anjo. Lembre-se de que você não está sozinho nesse processo. Ele está ao seu lado, amparando-o com suas asas invisíveis, guiando-o com sua luz e sussurrando-lhe palavras de conforto e encorajamento.

A primeira canalização pode durar alguns minutos ou algumas horas. Não há um tempo pré-definido. Confie na sua intuição. Quando sentir que o momento chegou ao fim, agradeça ao seu anjo pela presença e pela sabedoria compartilhada. Agradeça também a si mesmo, por ter se dado esse presente, por ter se aberto para essa nova forma de conexão com a luz.

Ao abrir os olhos, não se preocupe em registrar imediatamente tudo o que aconteceu. Anote algumas palavras-chave, algumas imagens ou sensações que ficaram mais fortes. Mas, acima de tudo, permita-se integrar a experiência. Volte para seu dia com a consciência de que você não está sozinho, de que existe uma presença amorosa que o acompanha em cada passo, que o guia com sabedoria e que o ama incondicionalmente.

Essa primeira canalização é apenas o começo. É o primeiro passo em uma jornada de profunda conexão com a luz, de autoconhecimento e de expansão da consciência. A cada nova canalização, a confiança se fortalece, a comunicação se torna mais clara e a presença angelical se torna mais presente em sua vida.

Com o tempo, você perceberá que cada canalização é única, como um diálogo íntimo entre almas que se reconhecem muito além das palavras. Algumas mensagens virão como sussurros suaves, quase imperceptíveis, enquanto outras se derramarão como um rio de sabedoria e amor. Independentemente da forma, cada encontro deixará uma marca silenciosa, um brilho sutil no seu olhar e uma certeza serena de que algo profundo foi lembrado dentro de você — algo que não precisa ser explicado, apenas sentido.

Esse processo de abertura e entrega não se limita ao momento da canalização em si, mas se estende para a vida cotidiana. Cada respiração consciente, cada ato de bondade, cada instante de silêncio entre um pensamento e outro se torna uma oportunidade de escutar, de sentir e de canalizar a luz que flui através de você. Aos poucos, você compreende que a verdadeira canalização não acontece apenas no espaço sagrado que você prepara, mas em cada gesto, em cada encontro e em cada escolha que alinha sua alma com a vibração do amor.

E assim, a primeira canalização completa se transforma em um marco silencioso e sagrado — não como um ponto de chegada, mas como o suave abrir de uma porta que sempre esteve ali. A partir dela, você caminhará com mais leveza, mais confiança e mais presença, sabendo que não precisa ser perfeito, nem ter todas as respostas. Basta continuar, um passo de cada vez, ouvindo a voz do seu coração e permitindo que a luz que o habita se expresse no mundo, como uma prece silenciosa que ecoa para além do tempo.

Capítulo 28
De Canal a Instrumento

A transformação de um canal em verdadeiro instrumento da luz acontece quando a conexão com o plano angelical deixa de ser um evento isolado e se torna uma forma de existir, um estado de presença contínua em que cada gesto, pensamento e palavra refletem a luz que flui diretamente da fonte divina. Mais do que transmitir mensagens ou receber orientações celestes, ser um instrumento é viver em harmonia com a vibração do amor e da compaixão, permitindo que essa energia se derrame através de suas ações cotidianas e de sua presença no mundo. É compreender que a canalização não se limita aos momentos de recolhimento e silêncio, mas permeia todos os instantes da sua vida — na forma como você acolhe o outro, na forma como escuta, fala, cria e serve. O instrumento da luz não é um ser apartado do mundo físico, mas alguém que caminha entre os planos, ancorando a sabedoria do céu na matéria, tornando visível o invisível, de maneira natural e fluida. Cada talento, cada aprendizado e cada experiência vivida ao longo da sua jornada se tornam componentes dessa grande sinfonia divina, em que sua alma é tanto intérprete quanto compositora, traduzindo a voz dos anjos em serviço amoroso e consciente.

Tornar-se um instrumento da luz não implica renunciar à sua individualidade ou transformar-se em uma figura idealizada de perfeição espiritual. Pelo contrário, a autenticidade do instrumento reside justamente na integração entre sua humanidade e sua dimensão divina, no reconhecimento de suas vulnerabilidades, medos e incertezas, sem deixar que essas camadas ocultem ou abafem o brilho da sua essência. É nesse encontro honesto consigo mesmo, onde a luz toca a sombra com ternura e respeito, que nasce a verdadeira força do instrumento: uma presença que acolhe sem julgar, que escuta sem pressa, que orienta sem impor e que serve sem esperar reconhecimento. O serviço do instrumento é silencioso muitas vezes, invisível aos olhos externos, mas profundamente transformador para todos os que entram em contato com sua energia. Sua missão não é moldar-se a expectativas externas ou repetir fórmulas prontas, mas permitir que sua expressão seja única, refletindo a combinação singular de dons, história e propósito que compõem sua alma. Seja pela palavra, pelo toque, pelo olhar, pelo silêncio ou pela arte, o instrumento canaliza a luz de maneira espontânea, sem buscar controlar ou definir como essa energia deve se manifestar.

A passagem de canal a instrumento é um processo gradual de rendição amorosa, onde o ego aprende a ceder espaço para a sabedoria maior que flui através do coração. Não há pressa, nem comparações, pois cada alma percorre esse caminho no seu ritmo, conforme seu grau de abertura e maturidade espiritual. Os anjos não exigem perfeição nem heroísmo; eles apenas pedem sinceridade, disposição e humildade para servir como ponte viva entre os planos. Ao se tornar instrumento, o canal compreende que o serviço não é apenas um ato de dar, mas também um fluxo constante de receber. Cada vez que se coloca a serviço, o instrumento é nutrido pela mesma luz que compartilha, fortalecendo sua própria conexão com a fonte e aprofundando a compreensão de sua verdadeira identidade espiritual. Ser instrumento da luz é, portanto, um estado de comunhão contínua com o divino, onde servir e ser servido, doar e receber, guiar e ser guiado se entrelaçam numa dança infinita de amor e reciprocidade. É nesse fluxo sagrado que o canal encontra sua verdadeira plenitude — não na busca por reconhecimento externo, mas na profunda e silenciosa alegria de saber que, ao servir ao mundo, serve à sua própria alma e honra a essência divina que o habita.

Ser um instrumento significa ir além da recepção passiva das mensagens angelicais. É integrar a sabedoria e o amor recebidos à sua vida, e usá-los para servir ao próximo, à comunidade e ao planeta como um todo. É colocar-se à disposição da luz, permitindo que ela flua através de você para tocar e transformar a vida de todos que cruzarem seu caminho.

Essa transformação de canal a instrumento não acontece da noite para o dia. É um processo gradual de amadurecimento, de integração e de entrega. É como aprender a tocar um instrumento musical: no início, os movimentos são hesitantes, os sons são incertos, e a melodia ainda não flui com naturalidade. Mas com a prática, com a dedicação e com o amor, a música começa a surgir, e o instrumento se torna uma extensão da sua própria alma.

Da mesma forma, no início da jornada da canalização, você pode se sentir inseguro, hesitante em compartilhar as mensagens recebidas, com medo de errar ou de não ser compreendido. Mas à medida que a confiança se fortalece e a conexão se aprofunda, você percebe que não está sozinho. Os anjos o guiam, o inspiram e o apoiam em cada passo do caminho. Eles sussurram palavras de encorajamento, abrem portas e o conectam com as pessoas certas para que você possa expressar sua missão da forma mais autêntica e poderosa possível.

Colocar-se a serviço como instrumento da luz não significa abandonar sua individualidade ou se tornar um fantoche nas mãos dos anjos. Pelo contrário, é usar seus talentos, suas habilidades e sua própria jornada de alma para manifestar a luz no mundo. É integrar a sabedoria angelical à sua própria essência, e expressá-la de forma única e criativa.

Essa expressão do serviço pode se manifestar de diversas formas, de acordo com seus dons e sua missão pessoal. Para alguns, o serviço se manifesta através da cura - seja através da imposição de mãos, da canalização de energias sutis ou do uso de palavras e mensagens que trazem alívio e conforto. Para outros, o serviço se manifesta através da arte - seja através da música, da pintura, da escrita ou de qualquer forma de expressão criativa que canalize a beleza e a inspiração do reino angelical.

Há aqueles cuja missão se expressa através do ensino - seja através de palestras, cursos ou livros que compartilham a sabedoria e o conhecimento recebidos dos anjos. E há aqueles cuja missão se manifesta através do serviço direto à comunidade - seja através do trabalho voluntário, de projetos sociais ou de qualquer forma de ação que contribua para o bem-estar do próximo.

A forma como você se coloca a serviço não é o mais importante. O que realmente importa é a intenção, a pureza do seu coração e o amor que você coloca em cada ação. Os anjos não esperam que você seja perfeito ou que realize grandes feitos. Eles esperam que você se doe com sinceridade, que compartilhe a luz que recebeu com humildade e que confie na sabedoria e no amor que fluem através de você.

Lembre-se: você não está sozinho nessa jornada. Os anjos o acompanham, o guiam e o inspiram a cada passo. Confie na sua intuição, siga os sinais que o Universo lhe envia e aja com coragem e determinação. O mundo precisa da sua luz, da sua compaixão e da sua sabedoria.

Ao se colocar a serviço como instrumento da luz, você não apenas contribui para a cura e a transformação do mundo, mas também se transforma. Você se torna um canal mais puro, mais forte e mais conectado à sua própria essência divina. Você se torna um farol de esperança, um agente de cura e um instrumento de paz.

E à medida que você se doa, à medida que você compartilha a luz que recebeu, você percebe que a verdadeira recompensa do serviço não está no reconhecimento externo, mas na alegria profunda de ser um instrumento do amor divino. É na sensação de unidade com o todo, na certeza de que você está cumprindo sua missão e contribuindo para a criação de um mundo mais luminoso e harmonioso.

Exercício: Cocriando seu Serviço:

Reflexão: Reserve um momento de quietude e introspecção. Conecte-se com seu coração e pergunte a si mesmo: como eu posso usar meus dons e talentos para servir ao mundo? Qual é a minha missão? Como eu posso ser um instrumento da luz?

Intuição: Preste atenção aos sinais que o Universo lhe envia. Observe as sincronicidades, os sonhos, as ideias que surgem em sua mente. Siga sua intuição, e ela o guiará para as oportunidades certas de colocar-se a serviço.

Ação: Aja com coragem, determinação e confiança. Não tenha medo de errar ou de não ser compreendido. Confie na sabedoria dos anjos e na força do seu coração.

Compartilhamento: Compartilhe a luz que você recebeu. Seja um farol de esperança para aqueles que o cercam. Ofereça seu amor, sua compaixão e sua sabedoria ao mundo.

Gratidão: Agradeça pela oportunidade de servir, pela confiança que os anjos depositam em você e pela alegria de ser um instrumento da luz.

Mensagem dos Anjos:

"Amados filhos da luz,

Vocês são instrumentos divinos, canais de amor e sabedoria. Abracem sua missão com alegria e gratidão.

Confiem na força do seu coração, na luz da sua alma e na sabedoria do seu caminho.

Coloquem-se a serviço do mundo, e juntos criaremos um futuro mais luminoso para todos!

Com amor eterno".

Capítulo 29
Manifestando a Aliança Angelical

Manifestar a aliança angelical na Terra representa a materialização consciente da conexão sagrada entre sua essência e o reino celestial, integrando essa união invisível em cada aspecto da existência. Mais do que momentos isolados de meditação ou recepção de mensagens, essa aliança se torna um fio condutor entre suas intenções, suas ações e o propósito maior que orienta sua alma. Cada gesto, palavra ou escolha diária se transforma em um reflexo tangível dessa parceria luminosa, dissolvendo a separação entre espiritualidade e cotidiano. A presença angelical, antes percebida apenas nos instantes de recolhimento, passa a habitar sua respiração, suas relações, seu olhar atento ao mundo ao redor. Essa aliança não é algo que precisa ser forjado do zero, mas sim lembrado e despertado, pois desde os primeiros sussurros da alma, desde antes da sua encarnação, essa união já existia como um compromisso silencioso entre você e as forças angélicas que sustentam sua jornada.

Ser guardião consciente dessa aliança significa reconhecer que sua vida, por si só, é uma expressão dessa conexão, e que cada experiência — desde os desafios mais intensos até as bênçãos mais sublimes —

serve como oportunidade para permitir que a luz angélica se manifeste através de você. Sua história pessoal, suas cicatrizes e suas vitórias não são obstáculos para essa manifestação, mas alicerces que tornam seu canal mais autêntico, compassivo e capaz de irradiar a sabedoria angelical de forma humanamente compreensível. A aliança não exige perfeição espiritual ou conduta irrepreensível; ela floresce justamente quando você acolhe sua vulnerabilidade e se oferece como um receptáculo transparente para o amor incondicional dos anjos. Sua humanidade, com todas as suas camadas, se torna o espaço sagrado onde essa parceria se fortalece. Ao deixar de buscar momentos ideais para canalizar e passar a perceber cada instante da vida como um altar vivo, você dissolve os limites entre o sagrado e o comum, entre a oração e o ato cotidiano, permitindo que a própria existência se torne uma celebração da aliança que une sua alma aos coros celestiais.

A manifestação dessa aliança se revela também na forma como você se relaciona com sua missão, seus projetos e seus sonhos. Cada talento, cada inspiração criativa ou desejo sincero de servir surge como reflexo dessa conexão, uma convocação silenciosa para que suas criações sejam impregnadas pela luz e pela sabedoria dos anjos. Assim, o ato de ensinar, criar, curar ou cuidar do outro deixa de ser apenas uma expressão pessoal e se transforma em um serviço divino, uma extensão do compromisso firmado entre você e seus guias espirituais. Seus dons e paixões se tornam veículos dessa aliança, traduzindo em formas palpáveis a beleza invisível do plano celestial. Mesmo suas dificuldades ou aparentes limitações podem servir como portais para essa manifestação, porque os anjos não o veem através de suas imperfeições, mas sim como uma alma perfeitamente posicionada para refletir uma parcela única da luz divina. Cada ato de gentileza, cada palavra de conforto e cada escolha consciente de irradiar amor em situações de conflito é, em essência, um lembrete vivo da aliança entre o humano e o divino. E assim, ao viver essa verdade, você não apenas manifesta sua aliança angelical, mas convida todos à sua volta a recordar que essa mesma aliança pulsa silenciosamente dentro de cada coração.

Manifestar sua aliança angelical na Terra é ir além dos momentos de meditação e contato formal. É tornar a presença e a sabedoria dos anjos uma parte inseparável de quem você é e de como você se manifesta no mundo. É como tecer a luz angelical em cada fio da sua realidade, criando uma tapeçaria onde o céu e a terra se entrelaçam em harmonia.

Essa manifestação não é um evento único, mas um processo contínuo de alinhamento e integração. É como aprender a dançar com seus anjos, permitindo que eles guiem seus passos, inspirem suas ações e sustentem suas escolhas. É reconhecer que a canalização não é apenas uma prática espiritual, mas uma forma de viver.

Um dos primeiros passos para manifestar sua aliança angelical é reconhecer que os anjos não estão limitados aos seus momentos de meditação ou aos seus espaços sagrados. Eles estão com você em todos os lugares, em todos os momentos. Eles o acompanham no trabalho, nas relações, nos desafios e nas alegrias do dia a dia.

Ao se lembrar dessa presença constante, você abre espaço para que eles participem da sua vida de forma mais ativa. Você começa a pedir sua orientação antes de tomar decisões importantes, a invocar sua proteção em momentos de dificuldade e a agradecer por sua presença em cada pequena conquista.

Essa integração da canalização à sua vida cotidiana não é sobre seguir regras rígidas ou tentar ser perfeito o tempo todo. É sobre viver com consciência, com amor e com a certeza de que você nunca está sozinho. É sobre reconhecer que cada passo que você dá é guiado pela sabedoria e pelo amor dos seus anjos.

Outra forma poderosa de manifestar sua aliança angelical é através dos seus projetos e da sua missão de alma. Os anjos não estão apenas interessados em seu desenvolvimento espiritual pessoal. Eles também o apoiam em seus sonhos, em seus objetivos e em sua missão de contribuir para a cura e a transformação do mundo.

Ao alinhar seus projetos com a sabedoria e o amor dos anjos, você não apenas aumenta suas chances de sucesso, mas também transforma suas ações em instrumentos de luz. Você se torna um agente de cura, um portador da esperança, um co-criador da realidade que manifesta a beleza e a harmonia do reino angelical em suas criações.

Essa manifestação da sua missão pode se expressar de diversas formas, de acordo com seus talentos, suas paixões e seu chamado interior. Se você é um artista, pode usar sua arte para canalizar a beleza e a inspiração dos anjos. Se você é um professor, pode compartilhar a sabedoria e o conhecimento recebidos para iluminar a mente e o coração de seus alunos. Se você é um curador, pode usar suas mãos e suas palavras para canalizar a energia amorosa dos anjos e promover a cura física, emocional e espiritual.

Não importa a forma como você escolhe manifestar sua missão. O importante é que ela esteja alinhada com seus valores mais profundos, com seus sonhos mais elevados e com o chamado da sua alma. E, ao se entregar a essa missão, você não apenas contribui para a criação de um mundo mais luminoso e harmonioso, mas também se realiza como ser humano, expressando sua verdadeira natureza e cumprindo o propósito para o qual veio à Terra.

Manifestar sua aliança angelical também é sobre compartilhar a luz que você recebeu. Não se trata de pregar ou converter, mas de irradiar a sabedoria e o amor dos anjos em suas palavras, seus gestos e suas ações. É sobre ser um exemplo vivo da presença angelical, inspirando outros a se abrirem para a conexão com a luz e a manifestarem sua própria missão de alma.

Essa irradiação da luz não é sobre autopromoção ou busca por reconhecimento. É sobre humildade, sobre servir como um farol que guia outros em direção à sua própria luz interior. É sobre reconhecer que você não é a fonte da luz, mas apenas um canal, um instrumento que permite que ela se manifeste no mundo.

E à medida que você compartilha essa luz, à medida que você manifesta sua aliança angelical na

Terra, você perceberá que a canalização não é apenas uma prática espiritual — ela é uma forma de viver. É estar presente em cada momento, em cada encontro, em cada palavra e gesto, permitindo que a luz dos anjos se expresse através de você da forma mais autêntica e amorosa possível. É ser um canal aberto e receptivo, confiando que a sabedoria e o amor que fluem através de você tocarão e transformarão a vida de todos que cruzarem seu caminho.

Manifestar essa aliança é reconhecer que a presença angelical não é uma força externa separada de quem você é, mas uma extensão natural da sua própria essência divina. É permitir que essa presença flua através da sua escuta atenta e do seu olhar compassivo, nos momentos mais simples e nos mais desafiadores. Cada escolha consciente, cada silêncio preenchido de intenção e cada gesto impregnado de amor se tornam expressões vivas dessa parceria sagrada, dissolvendo a ilusão de separação entre o divino e o humano.

Com o tempo, essa aliança deixa de ser um conceito espiritual e se torna uma realidade pulsante, uma segunda pele invisível que te envolve e te sustenta. Sua voz carrega ecos dessa conexão, suas mãos se tornam extensão das asas que o amparam, e seus sonhos passam a ser tecidos com a mesma luz que habita o céu. Não há divisão entre o momento em que você canaliza e o momento em que você vive; a própria vida se transforma em canalização, e você caminha como uma prece viva, um reflexo do sagrado em movimento.

E é nessa fusão entre céu e terra, entre presença e entrega, que sua aliança angelical se revela plenamente.

Não como um título ou um feito a ostentar, mas como um estado de ser, onde você e os anjos se tornam vozes de uma mesma canção. E assim, a cada passo, você percebe que não está apenas manifestando essa aliança para o mundo — você está, na verdade, permitindo que o próprio mundo se lembre da aliança ancestral que sempre existiu entre o humano e o divino, entre a alma e o céu.

EPÍLOGO

Há leituras que terminam. Fechamos o livro, recolhemos as ideias e seguimos. Mas há outras que apenas inauguram uma escuta. Este é o caso. Se você chegou até aqui, algo em você já não é mais o mesmo. Não se trata de um conhecimento que se acumula, mas de uma lembrança que se ativa. Canalizar anjos não é uma técnica a dominar; é um estado de ser que, uma vez despertado, passa a te acompanhar em cada gesto, em cada silêncio, em cada suspiro.

Você foi convidado a reconhecer que não caminha só. Que seu corpo é ponte, sua alma é portal e seu coração é antena viva, capaz de traduzir a frequência sutil daqueles que nunca se afastaram. Cada página percorreu um aspecto dessa dança entre visível e invisível, entre céu e terra, entre o humano e o divino. Mas agora, com o livro encerrado, é você quem assume a travessia. As palavras podem cessar, mas o diálogo apenas começou.

Os anjos que sussurraram nas entrelinhas, que deslizaram entre as páginas e se esconderam nos seus próprios sentimentos enquanto você lia, não são apenas seres distantes. Eles são partes suas. Expressões da sua própria luz, da sua própria história cósmica. Canalizá-los é, no fundo, recordar-se. Recordar que cada intuição, cada pressentimento e cada instante de paz súbita sempre foi uma conversa em curso. O véu entre você e eles nunca foi sólido. Ele é feito de medo, de dúvida e de esquecimento. Agora, porém, você sabe.

Respire. Ouça o silêncio. Nos espaços entre os ruídos do mundo, há um canto ancestral. Uma melodia de asas invisíveis, cujos acordes ecoam desde o primeiro pulsar do seu coração espiritual. Você é a ponte. Você é a resposta. Você é a extensão terrestre da luz celestial que habita os anjos.

Que este livro não termine em suas mãos. Que ele se transforme em presença. Em certeza. Em memória viva de que sua conexão nunca dependeu de técnicas complexas ou dons especiais. Ela sempre foi seu direito de nascença.

Viva essa verdade. E os anjos virão — porque, no fundo, eles sempre estiveram aqui.

www.ingramcontent.com/pod-product-compliance
Lightning Source LLC
LaVergne TN
LVHW011046100526
838202LV00078B/3546